人生を変える

# 記録の力

メンタリスト
DaiGo

実務教育出版

# はじめに

家計簿、ToDoリスト、アイデアメモ、ライフログ……。

なんらかのゴールを達成するために、記録をつけている人は多いでしょう。作業がどれだけ進んだかを客観的につかみ、目標の達成率を高めるためには日々の記録が欠かせません。

科学の世界でも記録の効果は広く認められており、カリフォルニア大学などの研究によれば、作業の進み具合を紙に書き出すだけでも、プロジェクトが成功する確率は33%高くなります。

その効果はビジネス以外にも応用が可能で、たとえばダイエット中に自分が食べたものを毎日のように記録し続けると、何もしないより体重が減るスピードが2倍も上がることがわかっています。

先人たちも、その事実に気づいていたのでしょう。アインシュタインやレオナルド・ダ・ヴィンチ、ニュートンなど「記録魔」として知られる偉人は多く、彼らはつねに紙とペンを持ち歩き、日々のToDoリスト、金銭のやり取り、雑多なアイデア、友人から聞いたジョークなど、とにかくあらゆるデータを書き残しながら多大な成果を上げてきました。

偉人に比すべきレベルではないものの、私も十数年にわたって記録を続けており、ふとしたときに浮かんだアイデアや、気になった情報を残したメモ、音声ファイルなどの量は数万にものぼります。

いまの私が年に12冊以上の書籍をコンスタントに出版できているのも、普段から膨大な記録をため込んでいるからこそ。発明王トーマス・エジソンは「メモこそ命の恩人だ」との言葉を残しましたが、私もまったく同感です。

その意味で「記録」はライフハックの王道といえる手法ですが、実は、そのポテンシャルを最大限使いこなせている人は多くありません。

ToDoリストで日々のタスクを進め、アイデアメモで新たな商品やサービスを考え、目標ノートで将来の夢を管理する……。

おそらく、記録術を実践する人の大半は、メモやノートを目標の達成ツールとして使っているでしょう。これはこれで正しい使い方なのですが、本当の「記録術」とは、もっと応用範囲が広いものなのです。

たとえば、認知行動療法やACT《アクト》といった定評ある心理療法の世界では、次のような目的のためにも記録を使います。

- **やりたいことを見つける**
- **モチベーションを高める**
- **ストレスに強くなる**
- **問題解決力をつける**
- **人間関係の悩みを解決する**

一般的な記録術の本ではお目にかからない内容かもしれませんが、いずれも複数の試験で効果が確かめられたものです。トラブルを片づける能力を伸ばし、コミュニケーションの問題を克服し、モチベーションまで高めてくれるのだから、いわば「記録術」とは、人生のあまねく悩みに効く万能ツールと呼んでもいいでしょう。

本書では、心理療法で使われる記録術をベースに、さまざまな悩みを解決してくれる記録用紙を多数用意しました。

優柔不断な決断を減らして行動力を増やす記録術。逆境からすぐに立ち直るレジリエンスが高まる記録術。作業のモチベーションを上げて前に進むための記録術。その内容はとても幅広く、人生のあらゆる問題に対応しています。もちろん、従来の書籍が扱う「目標達成のテクニック」も取り上げており、成功率が2~3倍もはね上がる最強のテクニックを用意しました。

すべてのテクニックを試す必要はないので、まずは本書の目次をパラパラとながめて、いまの悩みを解決してくれそうなものから取りかかりましょう。実証データが豊富なテクニックばかりを選んだので、どこからスタートしても、なんらかの変化は実感できるはずです。

ぜひともいくつかの手法を実践して、「人生を変える記録の力」を味わってみてください。

人生を変える
記録の力

# 目次

CHAPTER 02

# モチベーションを上げる

CHAPTER 04

## 不安と恐怖をエネルギーに変える

CHAPTER 05

# 優柔不断をなくす

CHAPTER 07

# ストレスに強い心を育てる

CHAPTER 08

# 無駄に悩まなくなる

167

## CHAPTER 11 試練を乗り越える力をつける

# 主要参考文献

| | |
|---|---|
| 編集協力 | 鈴木祐 |
| 装幀 | 重原隆 |
| 本文デザイン | 吉村朋子 |
| イラスト・図版 | 神林美生 |
| DTP | 株式会社キャップス |
| カバー撮影 | 佐々木宏幸 |
| ヘアメイク | 永瀬多壱（Vanités） |
| スタイリング | 松野宗和 |

CHAPTER 01

# やりたいことを見つける

NOTE
01

# 行動ダイアリー

## やりたいことが見つからないなら

「やりたいことをやればいい！」

自己啓発書などでそんなアドバイスを見かけて、「でも、やりたいことがないんだけど……」といった反応になってしまう人は少なくありません。

好きなことをやればモチベーションが上がるのはわかっているけれど、そもそもなにをしたらいいのか？　いまの仕事がやりたいことじゃないのは間違いないけれど、辞めてしまったら生活できないから、がまんするしかない……。

行動の指針が見えないまま毎日を過ごしていたら、人生が楽しくなるはずもありません。

**「行動ダイアリー」**は、そんな状態を脱して、毎日を生き生きと過ごすために開発された記録術です。認知行動療法の父ことアーロン・ベックが１９７０年代に考案したテクニックで、モチベーションの低い人や自分がなにをしたいのかわからない人などの改善に効果を上げてきました。

「行動ダイアリー」は、次のステップで行ないます。

**ステップ1**　「企画書の作成」「スマホでゲーム」のように、その日に取った行動を1時間単位で記録します。もしなんの行動をしなかったときも、「ベッドでゴロゴロ」や「ぼーっとしてた」のように、**なんらかの行動を記入**してください。そのほうが効果は高くなります。

**ステップ2**　その行動に対して感じた**「達成感」**と**「喜び」**のレベルを、それぞれ**10点満点**で採点します。達成感または喜びの感情が最大なら10点をつけてください。

| 時刻 | 行動 | 達成感 | 喜び |
|---|---|---|---|
| 17:00 | クレーム対応　達成感 2　喜び 2 | 達成感 | 喜び |
| 18:00 | 退社、書店　達成感 7　喜び 8 | 達成感 | 喜び |
| 19:00 | 打ち上げ会　達成感 10　喜び 10 | 達成感 | 喜び |
| | | 達成感 | 喜び |
| | | 達成感 | 喜び |

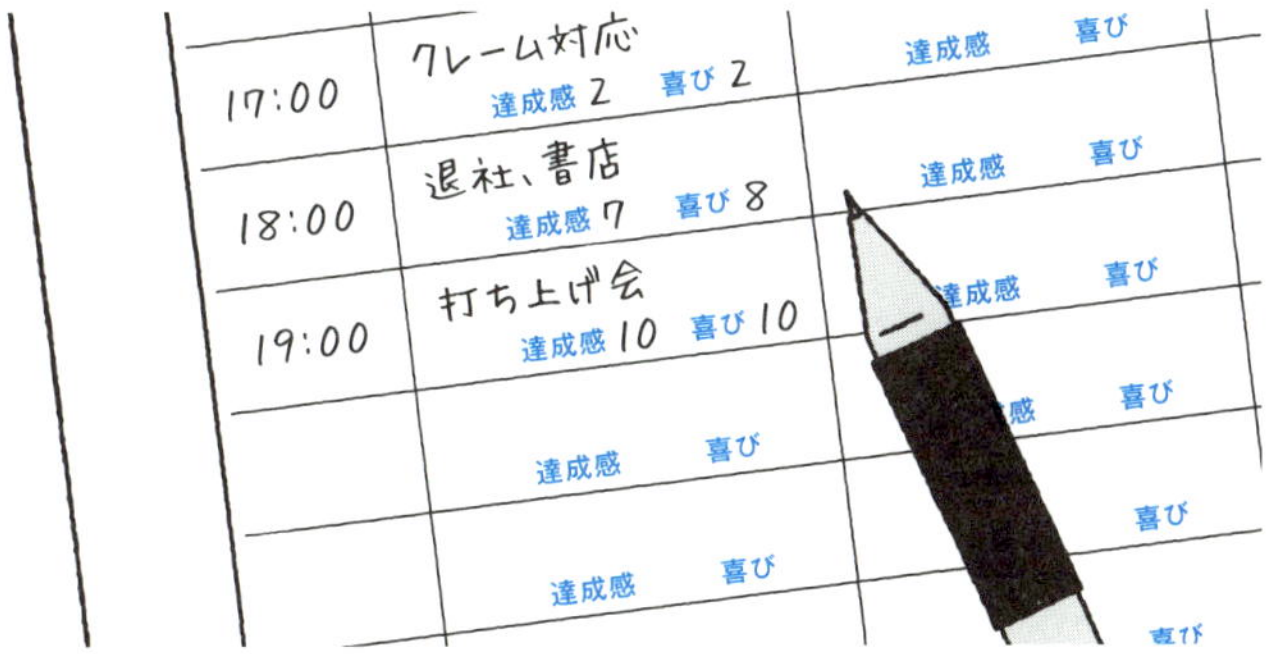

## ステップ3　ある程度の記録がたまったら、定期的に記録をながめて、自分がどのような行動に「達成感」や「喜び」を感じているのかをチェックします

「行動ダイアリー」のポイントは、幸福の内容を「達成感」と「喜び」の2種類に区別したところです。たとえば、次の例を見てください。

・会社の会議は、達成感も喜びもどちらも低い
・プロジェクトの完了は、達成感も喜びもどちらも高い
・スマホのゲームは、喜びを得られるが達成感が低い

このように、多くの行動から得られる感情には「達成感」と「喜び」の2つがあり、そのバランスであなたの幸福度は決まります。

喜びが多いだけの活動を増やしてもどこか虚しさがつきまといますし、達成感しかない人生では楽しさが得られません。**大事なのは、「達成感」と「喜び」のバランスをとることです。**両者のレベルを同じぐらいにしたほうが幸福の総量は上がり、結果的に豊かな人

## 行動ダイアリー　記入例

| 時刻 | 10 日 | 11 日 | 日 |
|---|---|---|---|
| 7:00 | 洗顔、ヨガ<br>達成感 7　喜び 8 | 洗顔、洗濯、掃除<br>達成感 5　喜び 3 | 達成感　喜び |
| 8:00 | 通勤(読書)<br>達成感 7　喜び 7 | 通勤(読書)<br>達成感 6　喜び 6 | 達成感　喜び |
| 9:00 | 資料集め、企画書<br>達成感 7　喜び 7 | 達成感　喜び | 達成感　喜び |
| 10:00 | 定例会議<br>達成感 2　喜び 2 | 達成感　喜び | 達成感　喜び |
| 11:00 | 企画書作成<br>達成感 8　喜び 8 | 達成感　喜び | 達成感　喜び |
| 12:00 | 昼食、雑談<br>達成感 2　喜び 8 | 達成感　喜び | 達成感　喜び |
| 13:00 | メール、電話対応<br>達成感 3　喜び 2 | 達成感　喜び | 達成感　喜び |
| 14:00 | 企画打合せ<br>達成感 8　喜び 8 | 達成感　喜び | 達成感　喜び |

生につながっていくのです。

「行動ダイアリー」につけた記録をながめていると、少しずつ「自分はどのような行動に幸せを感じているのか？」がわかっていくはず。いったん「達成感」と「喜び」のバランスが良い行動を把握できれば、あとはそのアクティビティに割く時間を増やしていくだけです。

行動の内容はどんなに小さなことでもよく、人によっては「ペットと遊ぶ」時間を増やすべきかもしれませんし、また別の人にとっては「友人と会話する」が最適解なのかもしれません。最終的にあなたの幸福度が上がればなんでもOKです。

もし、「達成感」と「喜び」の両方が低い行動しかなくても落ち込まないでください。「達成感3点」で「喜び2点」ぐらいの点数しかつけられなかったとしても、他の項目よりも平均値が高ければ、それが現在のあなたにとっての「増やしていくべきアクティビティ」になります。

あなたにとって幸福度が高い行動を増やしていくと、やがて自分が本当に好きなものへの「気づき」が生まれます。「自分は人とコミュニケーションを取るのが好きなんだな……」や「意外と雑用が嫌いじゃないんだな……」のように、あなたが本当にやりたいことへの理解が深まっていくのです。

あとは、その理解にしたがって次々と行動の量を増やしていきましょう。そのくり返しが、あなたの人生を楽しくしてくれるはずです。

## 行動ダイアリー

| 時刻 | 日 | 日 | 日 |
|---|---|---|---|
| | 達成感　喜び | 達成感　喜び | 達成感　喜び |
| | 達成感　喜び | 達成感　喜び | 達成感　喜び |
| | 達成感　喜び | 達成感　喜び | 達成感　喜び |
| | 達成感　喜び | 達成感　喜び | 達成感　喜び |
| | 達成感　喜び | 達成感　喜び | 達成感　喜び |
| | 達成感　喜び | 達成感　喜び | 達成感　喜び |
| | 達成感　喜び | 達成感　喜び | 達成感　喜び |
| | 達成感　喜び | 達成感　喜び | 達成感　喜び |
| | 達成感　喜び | 達成感　喜び | 達成感　喜び |
| | 達成感　喜び | 達成感　喜び | 達成感　喜び |
| | 達成感　喜び | 達成感　喜び | 達成感　喜び |
| | 達成感　喜び | 達成感　喜び | 達成感　喜び |
| | 達成感　喜び | 達成感　喜び | 達成感　喜び |
| | 達成感　喜び | 達成感　喜び | 達成感　喜び |
| | 達成感　喜び | 達成感　喜び | 達成感　喜び |
| | 達成感　喜び | 達成感　喜び | 達成感　喜び |

NOTE 02

# 人生を見失いそうになったらACT《アクト》バリュートレーニング

誰でも人生に迷うことはあるものです。

このまま同じ会社にいるべきだろうか？　いまのパートナーと結婚すべきか？　新しいスキルを身につけたほうがいいのではないか？

そんな迷いが生まれたときに効く記録術が**「ACT《アクト》バリュートレーニング」**です。ACTという最先端の心理療法から生まれたテクニックで、「自分の価値観はどのようなものだっただろうか？」というポイントをあらためて確認するのが最終的なゴールになります。

近年の心理療法では、**「価値観」こそが人生を豊かに送るための最大のポイント**だと考えられているからです。

たとえば、あなたが「転職すべきだろうか？」と悩んだとしましょう。このときになんの価値観も決まっていなければ、「給料がいいところを選ぶか？ それとも人脈か？ でも将来性も捨てがたい……」などとさまざまな基準が頭に浮かび、いつまでたっても迷いから抜け出せません。

ところが、ここで「自分は他人を幸せにしたいのだ」や「家族との時間を大事にしたい」といった価値観が定まっていれば、事態は一気に変わります。他人の幸せが第一ならば世間に貢献できそうな会社を選べばいいし、家族との時間を優先したいなら休暇を取りやすい会社が候補になるでしょう。

「価値観」はあなたの道しるべとなり、人生のよきガイドとして働いてくれます。もし進むべき道を見失いそうになったら、ぜひこの記録術を試してみてください。

「ACTバリュートレーニング」では、次の記録用紙を使います。ご覧のとおり、この記録用紙では多くの人が悩みがちな人生のエリアを10種類にわけ、それぞれ現在の価値観を考えていきます。自分の価値観を思いつけないときは、エリアごとに次の質問について考えてみてください。

## ACTバリュートレーニング

| | 価値観の説明 | 重要度 | 成功度 |
|---|---|---|---|
| 家族 | | | |
| パートナーシップ | | | |
| 親としての責務 | | | |
| 社会関係 | | | |
| キャリア | | | |
| 個人的成長 | | | |
| 娯楽・楽しみ | | | |
| 精神性 | | | |
| 市民性 | | | |
| 健康 | | | |

**家族**　自分の家族とどのような関係性を築きたいだろうか？　自分はどのようなタイプの兄／姉／弟／妹／娘／息子／伯母／伯父／姪／甥になりたいだろうか？

**パートナーシップ**　自分はどのようなタイプの夫／妻／恋人になりたいだろうか？　自分のパートナーとどのような関係性を築きたいだろうか？　どのようなパートナーシップを築きたいだろうか？　パートナーとの関係において、自分はどのような人間でありたいだろうか？

**親としての責務**　自分はどのような親になりたいだろうか？　自分の子どもからどのように見て欲しいだろうか？　子どもとどのような関係性を築いていきたいだろうか？

**社会関係**　親しい人たちに対して、自分はどのような友人でいたいだろうか？　自分はどのようなタイプの友情を育んでいきたいだろうか？　友人に対してどのような行

動を取りたいだろうか？　友人だけでなく、あまり親しくない人たちとどのような関係性を結んでいきたいだろうか？

**キャリア**　どのような仕事が自分にとって重要なのだろうか？　仕事の中でどのような働きをしたいだろうか？　仕事においてどのような人間関係を築いていきたいだろうか？　自分は仕事を通して何を達成したいのだろうか？

**個人的成長**　自分は、人間としてどのような側面を成長させていきたいのだろうか？　どのようなスキルを身につけたいだろうか？　自分にとって「学習」や「訓練」はどのような意味を持つだろうか？　もっと知りたいことはなんだろうか？　知識を深めたいことはなんだろうか？

**娯楽・楽しみ**　自分が本当に楽しめるものごとはなんだろ

うか？　自分を本当にリラックスさせてくれるのはなんだろうか？　自分の遊び心を刺激してくれることはなんだろうか？

**精神性**　自分が手ばなしで「凄い」と思えるようなものごと（アート、大自然、カリスマ性のある人物など）と、どのように関わっていきたいだろうか？

**市民性**　自分が所属する団体、地域のコミュニティ、自分が住んでいる国について、どのような貢献をしたいだろうか？　社会の一員として、どのような存在でいたいだろうか？　どのようなコミュニティの一員になりたいだろうか？

**健康**　自分にとって「身体の健康」はどれくらい重要だろうか？　自分の身体をどのようにケアしていきたいだろうか？　自分はどのような体調を手に入れたいのだろうか？

価値観を考えるときは、徹底的に自分の気持ちに正直になってください。どれだけ世間で「親としての責務が大事だ」や「好きなことを仕事にするのが大事だ」と言われようが、あなたが「子どもなどいらない」や「与えられた仕事をまっとうすべきだ」と心から思うならば、その感覚が正解です。

価値観を書き終わったら、次は「その価値観が自分にとってどれだけ大事だろうか？」と考えて、**「重要度」**の欄に**10点満点**で記入してください。その価値観がまったく重要でないなら0点、とても重要なら10点です。

そして最後に、過去1カ月の行動を振り返って「どれくらい自分の価値観に沿った行動ができただろうか？」と考え、**「成功度」**の欄に**10点満点**で書き込みましょう。これで「ACTバリュートレーニング」は終了です。

あとは、1カ月ごとに記録用紙を見直し、「価値観や重要度に変化はないか？」や「今月の成功度はどうだろうか？」を再チェックしてください。この作業を続ければ、もはや人生に迷うことはなくなるでしょう。

## ACTバリュートレーニング　記入例

| | 価値観の説明 | 重要度 | 成功度 |
|---|---|---|---|
| 家族 | 定期的に連絡をとるわけではないが、必要なときには助け合う。 | 9 | 9 |
| パートナーシップ | 親友のような関係性。 | 8 | 9 |
| 親としての責務 | 子どもはいないし、今後も予定はないので特になし。 | 1 | 1 |
| 社会関係 | 親しい人には無償で助け、親しくない人もできる範囲で助ける。 | 7 | 8 |
| キャリア | 他人を助けて感謝されるような仕事をする。 | 9 | 6 |
| 個人的成長 | 自分にできることとできないことを正確に見分けるスキルを身につける。 | 10 | 5 |
| 娯楽・楽しみ | 自然のなかにできるだけ身を置く。 | 8 | 8 |
| 精神性 | 自分の理解が及ばないようなものに積極的に接していく。 | 6 | 4 |
| 市民性 | 自分の仲間が属するコミュニティに貢献できればよい。 | 6 | 6 |
| 健康 | 年老いても認知症にならずに行動できるだけの健康を維持する。 | 9 | 8 |

CHAPTER

02

# モチベーションを上げる

NOTE
03

# 心理対比セッティング

## 達成率が2～3倍もアップする目標設定術

「なんだかやる気が出なくて作業が進まない……」「明日までにやることがあるのに、どうしてもモチベーションがわかない……」

**「心理対比セッティング」**は、そんな状況で多大な効果を発揮する記録術です。１９９０年代に心理学者のピーター・ゴルヴィッツァーが編み出したテクニックで、すでに**数百を超えるデータで効果が実証**されています。

ある研究によれば、達成が難しい作業に「心理対比セッティング」を使った者は等しくモチベーションが上がり、**ゴールを達成する確率が2～3倍**も高くなりました。これほどの効果を示した心理テクニックは他になく、やる気が出ないときにはまず使うべきテクニックと言えます。

## 心理対比セッティング

| | |
|---|---|
| いまの目標 | |
| その目標が重要な理由 | |
| 目標達成の障害 | |
| その障害にどう対処するか？ | |

心理対比セッティングは、次のステップで行なってください。

**ステップ1　いまの目標**

いまのあなたが達成したい目標を考え、一番上の欄に書き込みます。仕事やプライベートを問わず、いまの自分が**やらねばならないゴールを詳細にイメージ**しましょう。達成したい願望がいくつもある場合は、現時点で**最も重要なものをひとつだけ**選んでください。

**ステップ2　その目標が重要な理由**

ステップ1で設定した目標がなぜ重要なのかを考えて、記入します。たとえば「運動を習慣にする」という目標を立てた場合、ある人は「健康になりたい」が最終的な動機なのかもしれませんし、またある人は「体力をつけてバリバリ働く」がモチベーションの源泉なのかもしれません。**「そもそも、なぜ自分はこの目標を達成しなければならないのだろう？」と考えて、できるだけ正確な理由**を書き込みましょう。

**ステップ3　目標達成の障害**

ステップ1で設定した**目標の障害になりそうなものを考えて、特に発生率が高そうなものを**「目標達成の障害」に書き込みます。「運動を習慣にする」という目標の場合は、「仕事が延びて時間がなくなる」「同僚に飲みに誘われる」「なんとなくダルさに負けてしまう」のように、できるだけリアルに考えてみてください。

## ステップ4　その障害にどう対処するか？

ステップ3で考えた障害の対策を考えます。いくつか具体例を見てみましょう。

・障害「仕事が延びて時間がなくなる」
→対策「時間がなくなった場合は、5分で終わる簡単な運動をする」
・障害「なんとなくダルさに負けてしまう」
→対策「ダルくなったら、運動のメリット（痩せる、体力がつくなど）を思い出す」
・障害「ついネットをダラダラ見てしまう」
→対策「ブラウザを起動したら、仕事に関するサイトにつながるようにする」

このステップ4のポイントは、**できるだけ詳細に対策をイメージする**ことです。たとえば「お菓子を食べたくなったら、代わりにフルーツを食べる」といった対策を立てた場合は、具体的にどのフルーツを食べるのか？　どれくらいの量を食べるのか？　どれくらいの時間をかけて食べるのか？　などまで詰めたほうが効果は高くなります。

すべてのステップは15～20分ほどしかかかりません。それだけで目標の達成率が段違いに変わるのだから、試してみない手はないでしょう。

## 心理対比セッティング　記入例

| | |
|---|---|
| いまの目標 | 毎日ジョギングする |
| その目標が重要な理由 | 疲れない体を手に入れて、バリバリと仕事をこなす |
| 目標達成の障害 | 1. 会食がある日は走る時間がない<br>2. 帰宅後は疲れていることが多い<br>3. なんとなく気の向かない日が結構ある<br>4. ついゲームで遊んでしまい、時間がなくなる<br>5. 休日は甥っ子の世話をしなければならない |
| その障害にどう対処するか？ | 1. 会食がある日は、いつもより早起きして朝6時にちょっとだけ走る<br>2. 帰宅後に疲れていたら、試しに1kmだけ走ってみる<br>3. なんとなく気が向かないときは、とりあえずランニングシューズを履いて近所のコンビニまで行く<br>4. ついゲームで遊んでしまったときは、10分でプレーを止めて外に出る<br>5. 甥っ子の世話をするときは、ジョギングのかわりに甥っ子と一緒に運動する |

NOTE 04

# 1日8分でモチベーションを上げる
# 筆記開示

**「筆記開示」**は、1980年代に心理療法の世界で生まれた記録術です。とてもシンプルな手法ながらすでに数百を超す実証研究があり、不安の改善やモチベーションアップの効果が広く認められています。

その方法をひとことでまとめると、

**・自分の体験・感情・思考を包み隠さずノートに書きまくる**

のようになります。ノートに書き出す内容はなんでもOKで、他人には相談できない恥ずかしい失敗、SNSにアップしたら引かれてしまいそうなネガティブな感情、親友にすら言えないようなダークな思考など、**頭の中に浮かぶものをすべて吐き出すのがコツ**です。

また、ネガティブなことだけでなく、ポジティブな体験や感情を書いても構いません。「尊敬してる人に褒められて嬉しかった」や「なんだか知らないけどウキウキしてる」のように、良いことも書き込んでいきましょう。

くり返しになりますが、ノートを開いた瞬間に頭に浮かんだことを、**文章の体裁や誤字脱字にはこだわらず、すべてありのままに記録する**のが最大のポイント。どうせ誰にも見られないのだから、思いつくままに思考と感情を書きなぐってください。

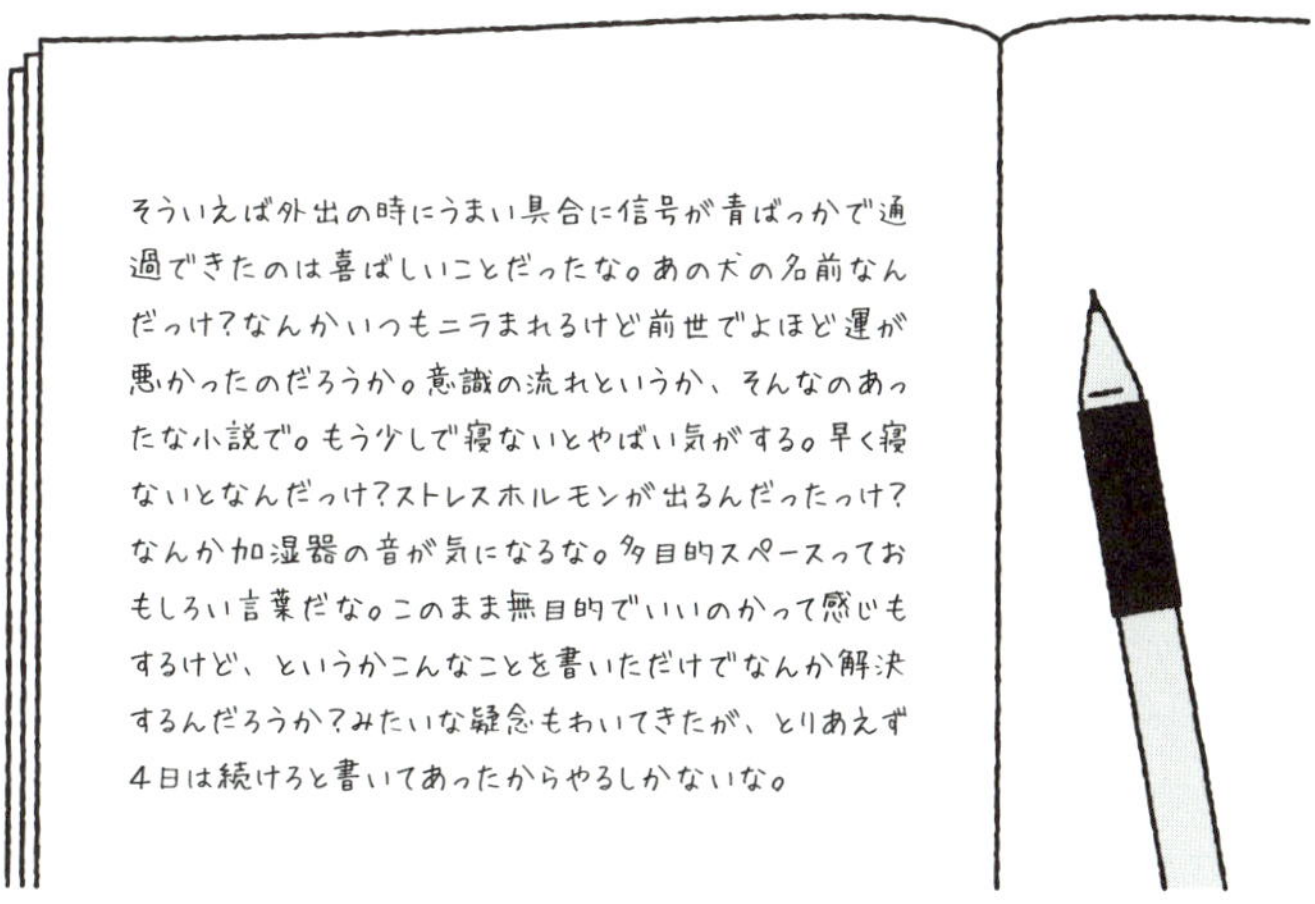
そういえば外出の時にうまい具合に信号が青ばっかで通
過できたのは喜ばしいことだったな。あの犬の名前なん
だっけ？なんかいつもニラまれるけど前世でよほど運が
悪かったのだろうか。意識の流れというか、そんなのあっ
たな小説で。もう少しで寝ないとやばい気がする。早く寝
ないとなんだっけ？ストレスホルモンが出るんだったっけ？
なんか加湿器の音が気になるな。多目的スペースってお
もしろい言葉だな。このまま無目的でいいのかって感じも
するけど、というかこんなことを書いただけでなんか解決
するんだろうか？みたいな疑念もわいてきたが、とりあえず
4日は続けろと書いてあったからやるしかないな。

筆記開示でモチベーションが上がるのには、2つの理由があります。

第一に、ネガティブな思考と感情を紙に書き出すと、あたかも**自分の不安やイライラが頭の中から外に移動したかのような感覚が生まれます**。そのおかげでマイナスの感情にとらわれにくくなり、より前向きに動けるようになっていくのです。ネガティブな気分を、いったん棚上げしたような状態と言えるでしょう。

逆にポジティブな思考を書き出した場合は、また違った現象が起きます。うれしい体験を紙に書くと、あなたの脳は「自分の人生には思ったより良いことが起きているのだな……」と認識し、**世の中をもっと前向きな視点で見直すように変化**。結果として、やはりモチベーションは上がっていきます。

筆記開示を行なう際は、次のポイントに注意してください。

**1．まずは4日間続けてみる**

多くの研究では、最低でも4日間は連続で筆記開示を続けないと効果が薄れてしまうと報告されています。**初日で効果が体感できなくても、4日は続けてみましょう**。

また、筆記開示を行なう**時間帯は「仕事終わり」や「寝る前」がベスト**。リラックスしてノートに向かうことができるタイミングを選んでください。

## 2. 最低でも1日8分は書き続ける

ミシガン州立大学の実験によれば、たった8分の筆記開示でもモチベーションが向上したそうです。**まずは1日8分**でいいので、思ったことを自由に書き出すのがオススメです。

ただし、その他の実証研究では、1日20分以上は書き続けたほうがさらに効果が高まるとの結果も出ています。**1日8分の筆記開示に慣れたら、少しずつ時間を延ばしてみてください。**

NOTE 05

# 前に進んでいる感覚でモチベーションをつくる
# クイック・ウィン分析

私たちのモチベーションを高めてくれる要素はいくつもありますが、なかでも重要なのは「小さな進捗」です。

「企画書が1ページだけ進んだ」
「新しいランニングシューズを買った」
「プロジェクトの計画を立てた」

どんなに小さな進捗であっても、いま状況が少しでも前に進んだという事実が、あなたのモチベーションを激しく高めてくれるのです。

この心理は、ハーバード大学が1万人のビジネスマンを調べて明らかにしたもので、現在では**「前進の法則」**と呼ばれています。私たちの心は停滞の感覚を嫌うため、ちょっと事態が改善しただけでもやる気は高まるのです。

**「クイック・ウィン分析」**は、「前進の法則」を日常で活かすための記録術です。

「クイック・ウィン」はマネジメントの世界で使われてきた言葉で、**「小さいけれどスピーディーな成功体験」**を意味します。一般的なビジネスではプロジェクトが終わるまでに何カ月もかかるのが普通ですが、それではいつまでも達成感が得られず、メンバーのモチベーションは上がらないでしょう。そこで、**あえて短期間で小さな成果を出すことに意識を集中し、プロジェクトの士気を高めていくのがクイック・ウィンの基本的な考え方**です。

ありがたいことに、クイック・ウィン分析はビジネスの現場でなくとも使えます。ダイエットや禁煙、新たなスキルの学習など、**達成までの時間が長いタスク**であれば、どんなものでもモチベーションアップに使えます。事実、近年ではカウンセリングの世界でも使われており、手軽な目標達成ツールのひとつとして認識されつつあるようです。

クイック・ウィン分析は、5つに分かれた記録用紙を使います。詳しい使い方を見ていきましょう。

## クイック・ウィン分析

| プロジェクト | クイック・ウィン | 難易度 | インパクト | 合計スコア |
|---|---|---|---|---|
| | | | | |
| | | | | |
| | | | | |
| | | | | |
| | | | | |
| | | | | |
| | | | | |
| | | | | |
| | | | | |
| | | | | |
| | | | | |
| | | | | |
| | | | | |
| | | | | |
| | | | | |
| | | | | |
| | | | | |
| | | | | |
| | | | | |
| | | | | |
| | | | | |
| | | | | |
| | | | | |
| | | | | |
| | | | | |
| | | | | |

**プロジェクト**　いまの最終ゴールを書き込みます。「新たなシステムを開発する」「年収を上げる」のような仕事に関するプロジェクトはもちろん、「ダイエットする」や「貯金する」のようなプライベートのゴールでも構いません。

**クイック・ウィン**　そのプロジェクトについて、もっとも手軽に進捗を実感できそうな行動や結果を考えて記入します。たとえば「新たなシステムを開発する」というプロジェクトなら、「プロジェクトに関する書類を作る」が小さな成功体験になるかもしれません。「貯金する」がゴールなら「お金の使い道の優先順位を決める」が最初の一歩かもしれません。**ひとつのプロジェクトについて、思いつく限りのクイック・ウィン**を考えてみてください。

**難易度**　それぞれのクイック・ウィンを達成するのがどれだけ難しいのかを考えて、**5点満点**で採点します。**簡単に達成できそうなら5点、難しそうなら1点**です。あまり難しく考えずに直感で採点してください。

**インパクト**　設定したクイック・ウィンを達成したら、プロジェクトにどれくらいの影響があるかを**5点満点**で採点します。「このクイック・ウィンをこなしたら、プロジェクトはどれくらい前に進むだろうか？」「ゴールにどれくらい近づけるだろうか？」と考えてみてください。**影響が大きそうなら5点、小さそうなら1点**です。

**合計スコア**　「難易度」と「インパクト」につけた**点数をかけあわせて**、「合計スコア」の欄に書き込みます。

すべての記入が終わったら、あとは合計スコアが大きなクイック・ウィンを選び、**点数の高いものから**手をつけていきましょう。「小さな進捗」があなたのモチベーションを上げ、難しいプロジェクトを達成しやすくしてくれるはずです。

## クイック・ウィン分析　記入例

| プロジェクト | クイック・ウィン | 難易度 | インパクト | 合計スコア |
|---|---|---|---|---|
| 貯金する | 請求書を確認 | 4 | 4 | 16 |
| | 家計簿アプリ導入 | 5 | 3 | 15 |
| | 通信費の見直し | 3 | 5 | 15 |
| | 格安simにする | 2 | 5 | 10 |
| | 分散投資をする | 1 | 5 | 5 |
| ダイエットする | 食事記録をつける | 2 | 5 | 10 |
| | 体重計を買う | 4 | 4 | 16 |
| | お菓子は1日2回 | 2 | 5 | 10 |
| | タンパク質を増やす | 5 | 4 | 20 |
| | プチ断食を3日続ける | 1 | 5 | 5 |
| システム開発 | タスクのToDoリスト化 | 4 | 5 | 20 |
| | 必要工数の設定 | 4 | 4 | 16 |
| | プレゼン資料作成 | 2 | 5 | 10 |
| | 作業計画を立てる | 4 | 3 | 12 |
| | ワーク・パッケージを洗い出す | 5 | 2 | 10 |
| | ネットワーク図を作る | 2 | 2 | 4 |
| | ガント・チャートを作る | 2 | 3 | 6 |
| | 現状報告書を作る | 1 | 2 | 2 |
| 人脈を増やす | 学生時代の友人に連絡 | 4 | 2 | 8 |
| | 交流会に参加 | 3 | 4 | 12 |
| | サークル活動を行なう | 4 | 3 | 12 |
| | LinkedInを使ってみる | 5 | 2 | 10 |
| | yentaを使ってみる | 5 | 2 | 10 |
| | | | | |
| | | | | |
| | | | | |

CHAPTER

# 03

# 「失敗したら」を乗り越える

NOTE
06

# 失敗が怖くなったら
# 葛藤マネジメント

セールスに出向くのが怖い、気になる人がいるが声をかけられない、相手の反応が読めないので電話ができない……。

そんな質問をいただくことがよくあります。問題の内容はさまざまでも、どれも失敗への恐れにより前向きな行動ができない点では同じです。

失敗を恐れるのは人間の基本的な感情ですが、行き過ぎれば人生に支障が出ます。過ちを怖がって立ち止まったままでは、仕事もプライベートも少しも前に進まないでしょう。

そんなときに使うべき記録術が、**「葛藤マネジメント」**です。４つのブロックで構成された記録用紙を使い、以下の順番で書き込んでいきます。

## 葛藤マネジメント

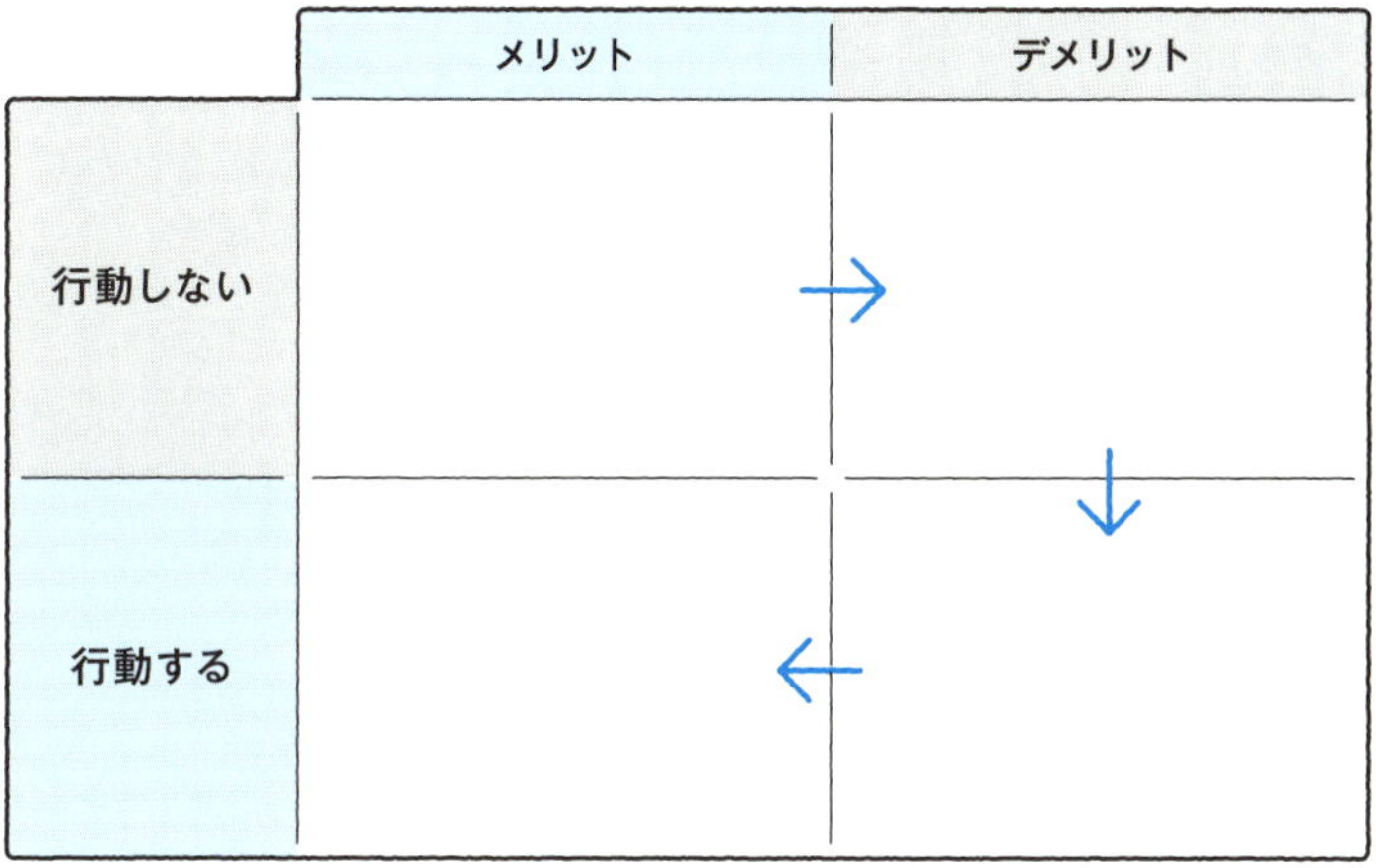


1. **行動しなかったときのメリット**
2. **行動しなかったときのデメリット**
3. **行動したときのデメリット**
4. **行動したときのメリット**

一例として、「気になる人がいるのに怖くて声をかけられない」という状況で葛藤マネジメントを使ってみましょう。

まず最初のステップでは、気になる人に声をかけなかった場合に、どのような良いことがあるのかを考えます。「傷つかないですむ」「現状を維持することができる」「めんどうなことから逃れられる」など、思いつくメリットをすべてリストアップしましょう。

## 葛藤マネジメント　記入例

| | メリット | デメリット |
|---|---|---|
| 行動しない | ・傷つかないですむ<br>・現状を維持することができる<br>・めんどうなことから逃れられる | ・あの人と仲良くなれない<br>・声をかけない限り悩み続ける<br>・10年後ぐらいに激しく後悔しそう |
| 行動する | ・あの人とつながりができる<br>・嬉しい<br>・達成感が得られて自信がつく | ・冷たい扱いをされるかもしれない<br>・周りにバカにされるかもしれない |

続いて、気になる人に声をかけなかったら、どのような悪いことがあるのかを考えます。「声をかけない限り悩み続ける」「10年後ぐらいに激しく後悔しそう」など、こちらも思いつくだけ記入してください。

3番目は、気になる人に声をかけた場合に、どのような悪いことがありそうかを考えていくステップです。「冷たい扱いをされるかもしれない」「周りにバカにされるかもしれない」など、起きそうな出来事を書き込みましょう。

最後には、気になる人に声をかけた場合に、どのような良いことがありそうかを考えます。「あの人とつながりができる」「達成感が得られて自信がつく」など、

| | メリット | デメリット |
|---|---|---|
| 行動しない | ・嫌な思いをしないですむ<br>・転職活動に時間を奪われない<br>・出費も発生しない | ・くすぶった気持ちのまま<br>・いつか年齢の壁がくる |
| 行動する | ・受かる可能性もある<br>・タフになれる<br>・閉塞感を打破できる | ・連戦連敗するかもしれない<br>・面接で嫌な思いをするかもしれない<br>・いまの仕事に少し支障 |

思いつくメリットを書き込んでください。

参考までにもう一例、上は「落ちるのが怖くて転職活動に踏み出せない」という状況での葛藤マネジメントです。

葛藤マネジメントの効果が高いのは、多くの人に**ネガティブな結果に意識を向けやすい傾向がある**からです。心理学の世界で**「ネガティブバイアス」**と呼ばれる心理です。

当然ながら、すべての行動にはメリットとデメリットの両面があります。それにもかかわらず、私たちの心は無意識のうちにネガティブなほうに強くひかれるため、**メリットをうまく意識できなくなってしまうのです。**

セールスをしたら怒鳴られそう……。電話をしたら嫌なリアクションをされてしまいそう……。こんな気持ちは、まさに「ネガティブバイアス」が引き起こす現象です。

そこで葛藤マネジメントでは、すべてのメリットとデメリットをあえて書き出すことで、**行動の結果を客観的に見つめる視点**を養います。この客観性があなたの不安を減らし、失敗に強いメンタルを作り出すわけです。

多くの研究では、葛藤マネジメントを行なうと、直後から失敗の不安がやわらぐ効果が確認されています。どうしても前向きな行動が取れないときは、10～20分ほど時間を取って書き込んでみてください。

# NOTE 07

# プレッシャーに潰されそうになったら 責任パイチャート

仕事の締め切りがしんどい……。親から結婚を期待されていてプレッシャーがキツい……。テストの本番が近くてヤバい……。

人生に責任はつきものですが、プレッシャーに弱い人にとっては決してうれしいことではありません。もし日々のプレッシャーで押しつぶされそうになったら、**「責任パイチャート」**を使ってみましょう。

これもまた認知行動療法で使われてきたテクニックで、プレッシャーを緩和して本番のパフォーマンスを上げる効果があります。生まれつき責任感が強い人や、仕事のプレッシャーが辛い人は、ぜひ試してみてください。

責任パイチャートは、以下のステップで行ないます。

## 責任パイチャート

1 いまどんなことに責任を感じているか？

2 自分が感じる責任の強さを採点（0－100％）

3 その責任感を感じなくてはいけない理由をリストアップ

4 上にあげた理由の「重要度」にしたがって下のパイを切り分ける

5 自分が感じる責任の強さを再び採点（0－100％）

**ステップ1** 一番上の欄に、いま自分が責任を感じていることをひとつだけ記入します。

**例**：「次のテストには絶対に合格しなければならない」「新人の教育をしなければならない」

**ステップ2** その責任感をどれだけ強く感じているかをパーセンテージで採点します。押しつぶされそうなぐらいプレッシャーがキツければ100％にしてください。

**ステップ3** その責任感を感じなくてはいけない理由を考えて、思いつく限りリストアップしましょう。

**例**：「テストに落ちたら親に怒られる」「テストに落ちたら望む仕事に就きにくくなる」

**ステップ4** ステップ3で思いついた理由を見ながら「どれがもっとも重要だろうか？」と考え、その重要度に従ってパイチャートを切り分けます。パイを切り分ける割合は、あくまであなたの主観で構いません。

**ステップ5** パイチャートを作ったことで、自分の責任感に変化が起きたかどうかを再びパーセンテージで採点してください。

パイチャートを作り終えると、すぐにフッと肩の力が抜けたような気分に切り替わるはずです。実際はプレッシャーの大きさは変わっていないはずなのに、不思議と責任が軽くなったかのような気持ちになるのです。

この現象は、あなたが責任を感じるべき理由をハッキリと認識できたおかげで起こります。

そもそも、**プレッシャーに悩む人の多くは、自分の責任についてボンヤリとしか分析できていません。**たとえば「テストに成功しなければ……」という責任に悩む人であれば、ただ「合格しないとヤバいよな……」と思い悩むばかりで、「テストに合格しないと具体的に何がヤバいのか？」まで深く掘り下げるケースは少数派でしょう。

このような状態が続くと、プレッシャーの辛さが実際よりも大きく感じられるようになっていきます。頭の中で「なんだかヤバい……」という思考がつねにうずまくため、モヤモヤした気持ちがふくれ上がるからです。

ところが、責任パイチャートでプレッシャーの内容を切り分けておくと、自分の気持ち

## 責任パイチャート　記入例

**1　いまどんなことに責任を感じているか？**

来月のプレゼンテーションは絶対に成功させなければならない

**2　自分が感じる責任の強さを採点（0−100%）**

99%

**3　その責任感を感じなくてはいけない理由をリストアップ**

- 会社の業績に影響が出る
- 自分の給料が下がる可能性がある
- 部署全体の評価が下がるかもしれない
- いまの取引先に迷惑がかかる
- シンプルに恥ずかしい
- 今後の仕事がやりづらくなる

**4　上にあげた理由の「重要度」にしたがって下のパイを切り分ける**

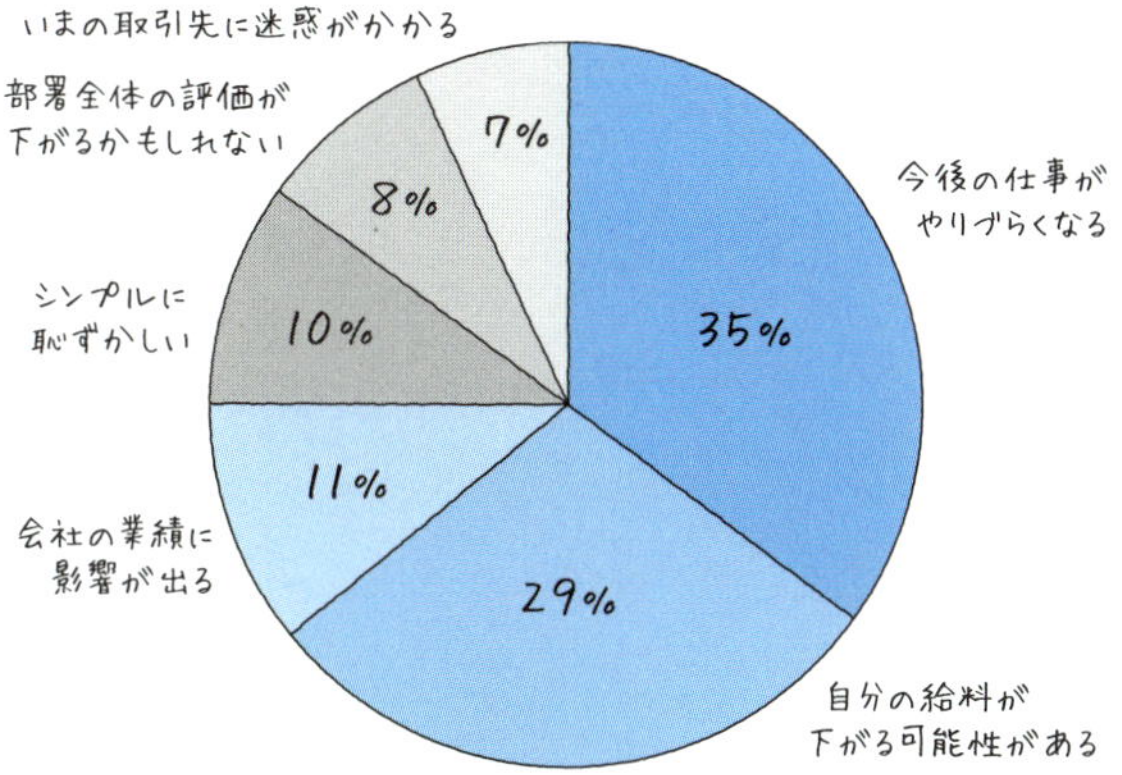


**5　自分が感じる責任の強さを再び採点（0−100%）**

60%

に区切りがつきます。「テストに落ちたら親に怒られる＝30％」「望む仕事に就きにくくなる＝40％」などと責任感の所在をハッキリさせたおかげで、重荷が降りたような気持ちが生まれるわけです。

責任感が強い人、プレッシャーに弱い人、罪悪感を抱きやすい人などは、試しにパイチャートを作ってみてください。

NOTE 08

# 失敗への不安で行動できない人のための 行動実験

**「行動実験」**は、認知行動療法の世界で1970年代から使われてきた歴史ある記録術です。不安や恐怖のせいで行動を起こせない人のために開発されたテクニックで、ポジティブなアクションを増やして豊かな人生を送りたい人に向いています。

このテクニックのポイントは、**意識して「小さな行動」の量を増やす**ことです。怖い行動にいきなり手をつけるのではなく、その前に、もっと安心感が強いアクションを試して心を慣らしていくのです。

行動実験は次のような記録用紙を使います。

## 行動実験

| 予測 | レーティング（0−100%） |
|---|---|
| | |

| 実験 |
|---|
| |

| 結果 |
|---|
| |

| 学習 | レーティング（0−100%） |
|---|---|
| | |

## ステップ一　予測

不安や恐怖で実行に移せない行動をひとつだけ選び、その行動について自分がどのように考えているのかを「予測」の欄に書き込みます。自分の考えがわからないときは、次の質問について考えてみてください。

- **その行動を実行したら何が起きると思っているだろうか？**
- **その行動のどこを問題に感じているのだろうか？**
- **自分がその行動を嫌がる理由はなんだろうか？**

たとえば、あなたが「他人の頼みにノーが言えない」という問題を抱えていたとしましょう。対人関係における定番の悩みのひとつですが、そこでどのような点を不安に感じるかは個人によって異なります。

ノーと言うと嫌われてしまいそう。相手を否定したような気分になる。わがままな人間だと思われたくない。とにかく人間関係に波風を立てるのが嫌だ。

**どんな理由でも構わないので、あなたにとって一番の原因をピックアップし、「もし○**

**〇〇をしたら〇〇という問題が起きるだろう」といった形式の文章にまとめてください。**「他人の頼みにノーと言ったら相手はこちらを嫌な人間だと思うだろう」「他人の頼みにノーと言ったらワガママなやつだと思われるだろう」のように、行動に対する自分の予測をシンプルに表現しましょう。

**ステップ2　レーティング**

ステップ1で記入した「予測」が、どれくらいの確率で発生しそうかを**0～100%の範囲で採点**して書き込みます。

あなたが「他人の頼みにノーと言ったら嫌なヤツだと思われるだろう」と心から信じるならば100%ですし、「かなりの人から嫌なヤツだと思われるだろう」と判断するなら70%ぐらいをつけてください。あくまで感覚的な数字なので、なんとなくの判断で採点して構いません。

**ステップ3　実験**

果たして、ステップ1で立てた「予測」はどれだけ正しいのでしょうか？　レーティングに書き込んだ確率はどこまで正確なのでしょうか？

このステップでは、**あなたの「予測」の正しさを実験で試していきます**。もちろん、嫌な行動をそのまま実践する必要はありません。ある程度の安全が確保されたレベルで、あなたのレーティングの正しさを検証できそうな実験を考えてみてください。

たとえば「他人の頼みにノーと言ったら嫌なヤツだと思われるだろう」という予測に対しては、こんな実験はどうでしょうか？

- 仲の良い友人、または家族のように近しい人の頼みをあえて断ってみたあと、こちらにどのような印象を持ったかを尋ねてみる
- 他人にいろいろな頼みごとをしてみて、もし断られたときに自分がどのような印象を抱くかをチェックしてみる

実験の内容はどのようなものでもＯＫですが、

- **不安にならずに実行できるが、少しだけ抵抗がある**

・**予測が事実かどうかを検証できる要素がふくまれている**

という2つのポイントに注意して組み立てましょう。**あなたが嫌がる行動を、安全なレベルまでグレードダウンするのがポイント**です。

### ステップ4　結果

ステップ3で考えた実験を試して、その結果を記録します。実験の結果、どんなことが起きましたか？　あなたの予想はどこまで正しかったですか？

・頼みを断ったらやはりドキドキした気分になったが、友人からは「忙しいんだろうな……」と思われただけだった

・自分の頼みを断られても、特になにも思わなかった

実験で起きたことを、簡単な文章でシンプルにまとめてください。

## 行動実験　記入例

**予測**

大勢の人の前でスピーチなどしたら、手足がガタガタ震えてしまうだろう。そうなったら、みんな自分の震えに気づいて、スピーチが下手な人間だと思うに違いない。

レーティング（0−100%）

90%

**実験**

・次の金曜日の会議で、いつもより声を出して発言してみる。
そこで、スピーチで使おうと思っているデータを披露してみる。

・そのあとで、手が震えていたのに気づいたか友人に聞いてみる。

**結果**

・やっぱり大きな声で話しだしたときは緊張して、手足がガタガタ震えるのに気づいた。

・友人に聞いたみたら、「よくしゃべれてたし、震えにも気づかなかった」と言われた。

**学習**

緊張で震えてしまうのはどうしようもないが、他人からは意外と気づかれないらしい。

レーティング（0−100%）

50%

### ステップ5　学習

実験から学んだことを書き込みます。あなたがステップ1で立てた「予測」はどれくらい正しかったでしょうか？　実験を行なったことで、「予測」はどのように変化したでしょうか？　こちらもシンプルな文章にまとめてください。

### ステップ6　レーティング

最後に再びレーティングをします。現時点であなたが思う予測の発生率を、**0～100%の範囲でもう一度**書き込みましょう。

行動実験を行なうと、たいていの人は自分が立てた**「予測」の不正確さに驚き、不安と恐怖が大きくやわらぎます**。最初は不安でしかたなかった行動が、実際にはたいして問題がなかったことに気づくからです。

61ページでも触れたとおり、私たちのなかには、ネガティブな事態に意識を向けてしまう心理があります。この認知のゆがみが、簡単な実験のおかげで矯正されたのです。

もちろん、実験の結果が予測どおりになることもありえます。いざ実験してみたら、予想と同じ問題が起きてしまうケースもなくはないでしょう。

しかし、それはそれで問題ありません。**行動実験を最後まで進めただけでも、あなたのなかには大きな自信が生まれます。**嫌な行動についてあらためて考え、具体的な実験を試した時点で行動への理解が深まり、なにもできずに脅えていたときよりも対処しやすくなるからです。

CHAPTER 04

# 不安と恐怖をエネルギーに変える

NOTE 09

## 怖くてできないことへの自信を少しずつ深める

# 回避ヒエラルキー

**「エクスポージャー」**という心理療法をご存じでしょうか？　日本語では「暴露《ばくろ》療法」と呼ばれ、**「少しずつ心を慣らしていけば恐怖は乗り越えられる」**という考え方にもとづいたテクニックです。

たとえば高所恐怖症の治療なら、まずはイスの上に立って数秒ほどそのままの姿勢をキープするのがファーストステップ。これが普通にできるようになったら、次はより高い脚立に乗ったり、ビルの2階から下を覗いてみたりと、少しずつ高さに慣れさせていきます。この作業をくり返すと、最初は1メートルの脚立にさえ上れなかった人でも、観覧車を楽しめるレベルまで変化するのです。

単純な方法ながらも治療の効果は高く、過去の研究データでは、パニック障害からコミュニケーション不安の治療などに成果をあげています。さまざまな問題に使えるのも魅力で、「スピーチが怖い！」や「上司に賃上げ交渉をするのが怖い！」などのようなビジネスのトラブルに使うことも可能です。

また、エクスポージャーにはもうひとつ、**やればやるほど自分に自信がつく効果もあります**。エクスポージャーの過程で小さなタスクを何度も乗り越えていくうちに「自分はできる人間なのだ！」との気持ちが生まれ、最終的には大きな自信につながるからです。

その意味でエクスポージャーは、ネガティブな感情を前向きなエネルギーに変換できる有効な手法と言えます。怖くて身動きできなくなったら、逆にエクスポージャーを行なうチャンスだととらえてみるといいでしょう。

**「回避ヒエラルキー」**は、エクスポージャーの技法を手軽に行なえる記録術です。解決したい悩みをひとつだけ選んで、次のような記録用紙に書き込みましょう。

# 回避ヒエラルキー

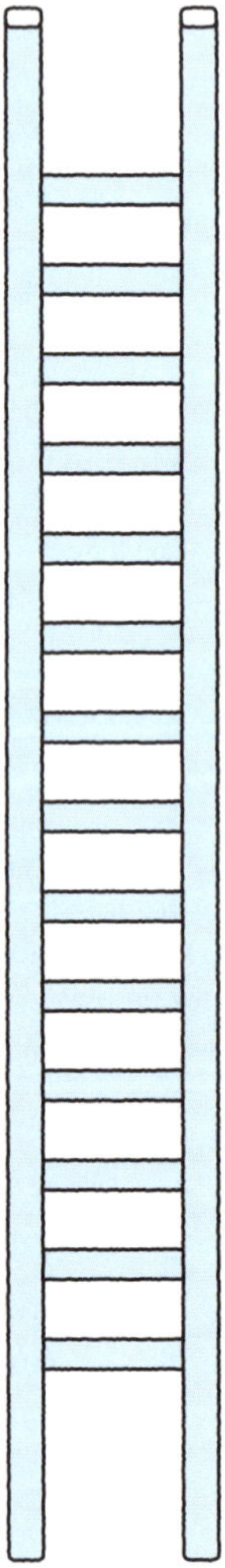

| 状況 | 不安（0−100%） |
| --- | --- |
| | |
| | |
| | |
| | |
| | |
| | |
| | |
| | |
| | |
| | |
| | |
| | |
| | |
| | |

**ステップ1**

一番上の欄には、あなたが「怖くて実行できない」と感じているものごとを書き込みます。

例：「気軽に他人に話しかけられない！」「人前でスピーチをするのが怖い！」

**ステップ2**

ステップ1で書き込んだ「怖くて実行できないもの」よりも負担が軽く、**ちょっと頑張れば実践できそうな代理の行動**をいくつか考えて別紙に書き出します。

例：「犬が怖くて近づけない」→代理行動「犬の動画を見る」「子犬に近づいてみる」

例：「上司と交渉できない」→代理行動「優しそうな別の上司に話す」「友人に交渉の相手をしてもらう」

これらの代理行動は、ひとつの悩みに対して最低でも10個は考えてください。代理行動の数が多くなるほど、エクスポージャーの効果は高くなります。

**ステップ3**

ステップ2で考えて書き出した代理行動を、簡単に実行できそうな順番に並べ替えて、ステップ1で記入した「怖くて実行できないもの」の下に書き込みましょう。記録用紙の下から上に向かって、ゆるやかに難易度を上げていくようなイメージです。

ステップ3で並べた代理行動の横に、それぞれに対してどれぐらいの不安を感じるかをパーセンテージで採点します

## ステップ4

あとは、一番下に置いた代理行動から実践して、クリアできたら上の行動に取りかかればOK。段階が上がっていくほどあなたの中には自信が生まれ、どんな恐怖でも乗り越えられるはずです。

## 回避ヒエラルキー　記入例

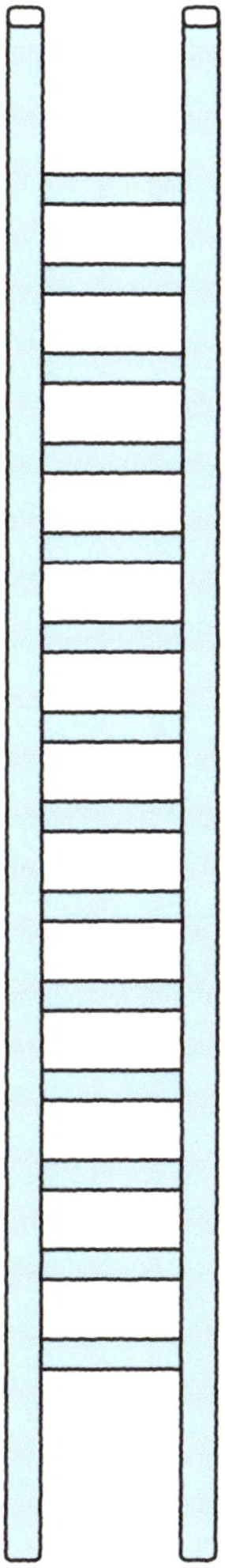

| 状況 | 不安（0−100%） |
| --- | --- |
| 100人の前でスピーチをする | 100 |
| トーストマスターズに参加する | 90 |
| 演劇のワークショップに参加する | 80 |
| プレゼンのクラスに行ってみる | 75 |
| 会社の会議で司会をする | 60 |
| 部署のイベントで短いスピーチをする | 50 |
| 趣味のサークルで発表する | 45 |
| 友人のパーティーで乾杯の挨拶をする | 40 |
| 会社の会議で上司の意見にコメントする | 25 |
| 会社の会議で同僚の意見にコメントする | 10 |
| 家族の前で小説の一段落を朗読する | 5 |
| | |
| | |
| | |

## 回避ヒエラルキー　記入例

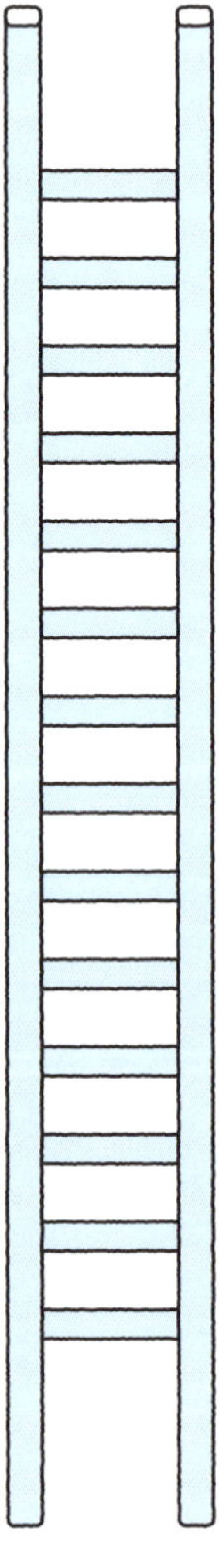

| 状況 | 不安（0−100%） |
|---|---|
| 発表会で200人以上を前にピアノを弾く | 100 |
| 東京都庁45階のピアノで弾く | 90 |
| ピアノのある喫茶店で人が多いときに弾く | 90 |
| 人通りの多いストリートピアノで弾く | 80 |
| 楽器店のグランドピアノ売り場で弾く | 80 |
| ピアノのある喫茶店で人が少ないときに弾く | 70 |
| 人通りの少ないストリートピアノで弾く | 60 |
| ピアノ仲間数人の集いを開いて弾く | 50 |
| 友人宅に行ったときに弾く | 40 |
| 友人が来たときに弾く | 30 |
| 音漏れの激しいピアノスタジオで弾く | 20 |
| 家電量販店の電子ピアノ売り場で弾く | 10 |
| 家族の前で弾く | 5 |
| | |

NOTE
10

# ネガティブな感情で逆にモチベーションを上げる
# エクスポージャー練習フォーム

**「エクスポージャー練習フォーム」**は、「回避ヒエラルキー」とセットで使います。「回避ヒエラルキー」だけでもメンタルの改善効果は得られますが、そこからさらに進んで、

- **ネガティブ感情に負けてもすぐに立ち直れる**
- **恐怖や不安の感情を使って逆にモチベーションを高める**

といった、いわゆる「レジリエンス」（しなやかな心）の能力まで養うことができます。

このテクニックでは、「回避ヒエラルキー」で設定した代理行動のひとつひとつを詳しく分析していきます。

## エクスポージャー練習フォーム

### 準　備

自分が恐れていることは何か？

自分はどんな事態が起きることを恐れているのか？

恐れている事態が起きる確率はどれぐらいだろうか？（0－100％）

その事態が起きたらどれぐらい恐ろしいだろうか？（0－100％）

### エクスポージャー

実際にその事態に身をさらしてみて、＿＿＿分ごとに主観的なストレスレベルを計測する

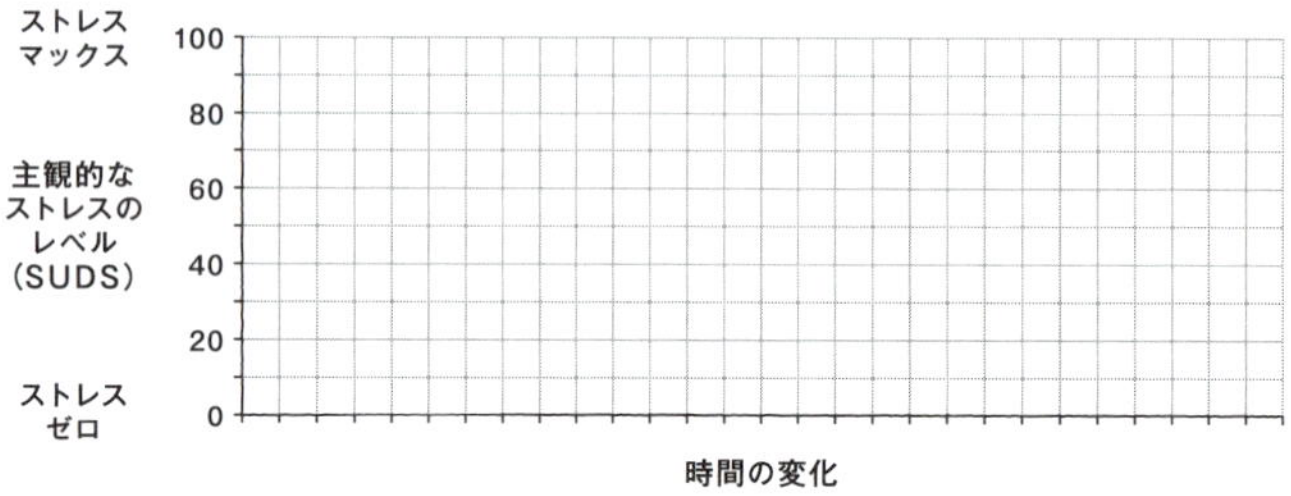


### 結果と学び

エクスポージャーをした結果はどうだったか？　何を学んだか？

ふたたび同じエクスポージャーをしたら、
恐怖感はどれぐらいだろう？（0－100％）

**ステップ1　準備**

回避ヒエラルキーで設定した行動のなかから「自分が次にやりたい行動」を記入し、その下には「自分にとって、その行動のどこが怖いのか?」を書き込みます。

**ステップ2　採点**

「その不安はどれぐらいの確率で現実になりそうか?」「その行動を取ったらどれぐらい怖いか?」を予想し、どちらもパーセンテージで採点します。

**ステップ3　実践**

ステップ1で選んだ行動をいったん実践してみましょう。その行動に成功したか否かは関係なく、**とにかく実践するのが大事**です。

**ステップ4　エクスポージャー**

実践の結果、自分の不安やストレスのレベルがどう変化したかを**グラフに記入**します。ストレスを記録する**タイミングは自由**に決めて構いませんが、**5〜10分ごとに自分の感情の変化をチェックするのが一般的**です。

### ステップ5　**結果と学び**

「その行動を実践したことで何を学んだか？」と「その行動を起こしたことで感情がどう変わったか？」を記録します。

### ステップ6　**再採点**

最後に「もし再び同じ行動を実践したら、どれぐらい怖いだろうか？」と考えて、こちらもパーセンテージで採点しましょう。

この記録術の最大のポイントは、ステップ4の「ストレスレベルの計測」です。実際に試すとわかりますが、「自分が恐れていたこと」をいざ実践しても、恐怖の感情が高止まりを続けるケースはほとんどありません。たいていは長くても30分で感情は落ち着きますし、早ければ5分でストレスが急低下するのが普通です。

この作業を続ければ、**脳は少しずつ「意外と現実は怖くないのだ」と認識**。やがて少しの逆境ではヘコたれない強いメンタルが作られるのです。恐怖で行動できないような場面だけでなく、鋼のメンタルを手に入れたいときにも使えるテクニックです。

## エクスポージャー練習フォーム　記入例

### 準　備

**自分が恐れていることは何か？**

友人のパーティーで乾杯の挨拶をする

**自分はどんな事態が起きることを恐れているのか？**

言葉に詰まって笑われる。ギャグが滑ってシーンとする。

**恐れている事態が起きる確率はどれぐらいだろうか？（0−100％）**

70％

**その事態が起きたらどれぐらい恐ろしいだろうか？（0−100％）**

50％

### エクスポージャー

**実際にその事態に身をさらしてみて、＿5＿分ごとに主観的なストレスレベルを計測する**

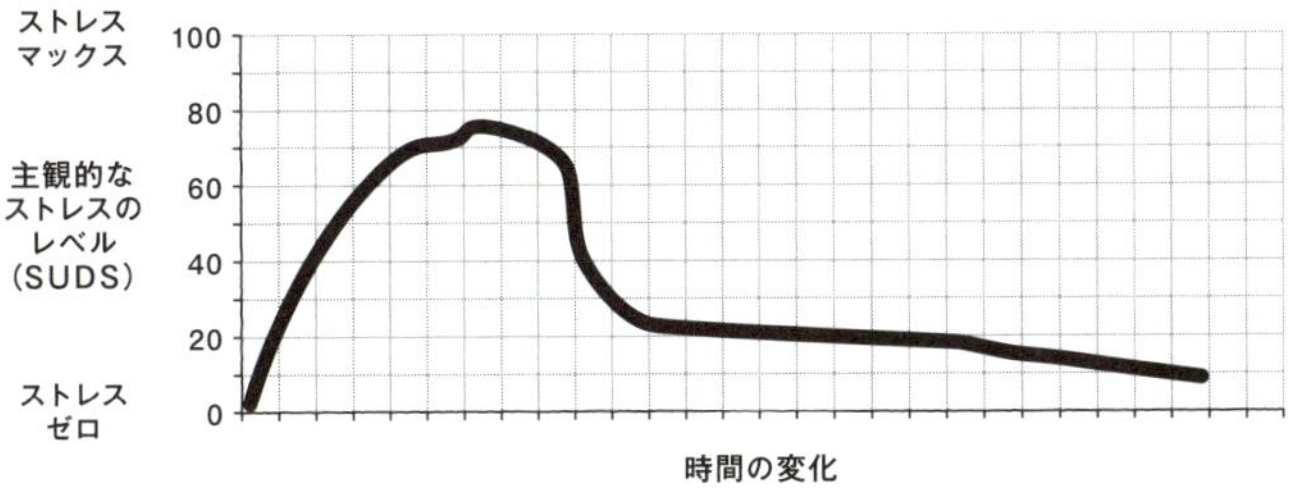


### 結果と学び

**エクスポージャーをした結果はどうだったか？　何を学んだか？**

何度か言葉に詰まったが、最後までできた。ギャグは全体的にややウケだった

言葉に詰まったあとの恐怖感は思ったより強かったが、わりとすぐにストレスは減っていくことがわかった。

**ふたたび同じエクスポージャーをしたら、恐怖感はどれぐらいだろう？（0−100％）**

30％

NOTE 11

# スクリプト再生法

## 心配事が頭から消えないときは

エクスポージャーはとても効果が高いテクニックですが、実践がめんどうなのが難点です。ひとつの悩みに複数の代理行動を考えながら実行していけば、どうしても時間がかかってしまいます。

しかし、なかには「心配事が頭から消えないから、いますぐにどうにかしたい！」という人もいるでしょう。ふとした時間に急に明日のプレゼンが不安でたまらなくなったり、ベッドで眠りにつく前に資金繰りの悩みが頭をグルグル回り出したりと、とりあえず目の前の不安をやわらげたい場面は珍しくありません。

そんなときに使って欲しいのが、**「スクリプト再生法」**です。

## スクリプト再生法

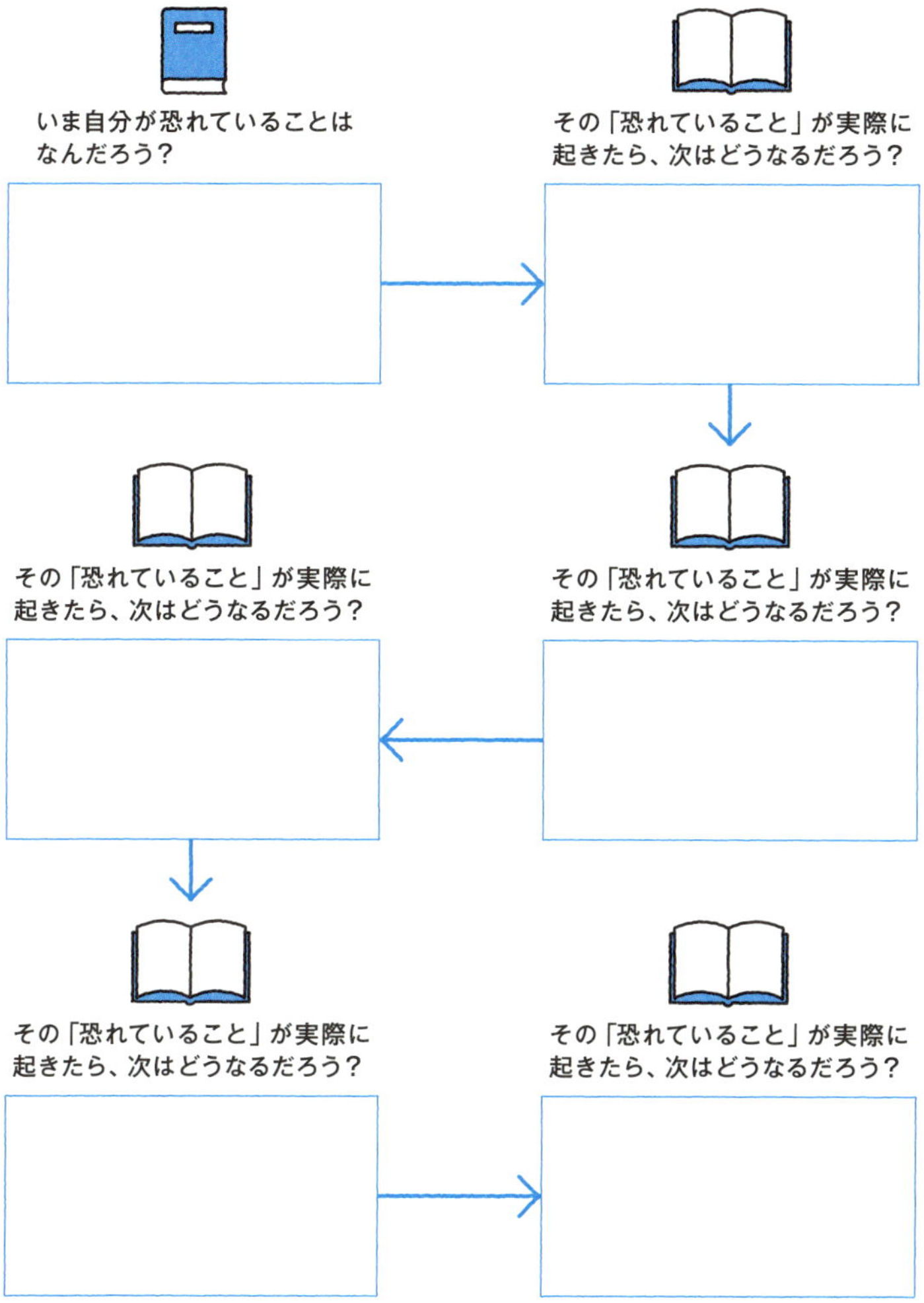
いま自分が恐れていることは
なんだろう？
その「恐れていること」が実際に
起きたら、次はどうなるだろう？
その「恐れていること」が実際に
起きたら、次はどうなるだろう？
その「恐れていること」が実際に
起きたら、次はどうなるだろう？
その「恐れていること」が実際に
起きたら、次はどうなるだろう？
その「恐れていること」が実際に
起きたら、次はどうなるだろう？

1980年代から認知行動療法の世界で使われ始めた記録術で、心配事が頭を離れないような状況で効果を発揮します。具体的な方法を見てみましょう。

**ステップ1** 最初のマスに、**「いま自分が恐れていること」**を書き込みます。

**例**：「明日のプレゼンに失敗するかもしれない」「老後の貯金が足りなくなるかもしれない」「頭痛が悪化して倒れてしまうかもしれない」

**ステップ2** 最初に書いた「不安」がもし現実になったら、次はどんなことが起きるでしょうか？　たとえば「明日のプレゼンに失敗するだろう」という不安なら、次に起きるのは「プレゼンに失敗して契約が取れない」かもしれませんし、「上司からの評価が下がる」かもしれません。あなたが**「次に一番起きそうなことはこれだろう」**と強く感じるものを、ひとつ選んで書き込んでください。もし次に起きそうなことが浮かばないときは、次の質問の答えを考えてみましょう。

**・そのことを自分が恐れている理由はなんだろう？**

- **自分が恐れていることは、そもそも何が原因で起きるのだろう?**
- **自分が恐れていることには、どんな人が関わっているのだろう?**

## ステップ3

「(ひとつ前のステップで書いたこと)が現実になったら**次はどうなるだろう?**」と考えてみてください。たとえば「明日のプレゼンに失敗するだろう」→「プレゼンに失敗して契約が取れない」と考えたら、次は「契約が取れなかったら売上目標を達成できない」や「契約が取れなかったら社内で居場所がなくなる」など、こちらも実際に起きそうなものを選びます。

あとは、ステップ3をひたすらくり返しましょう。

「スクリプト再生法」をどのレベルまで行なうべきかについて明確な決まりはありませんが、いくつかの研究によれば、**平均で5段階ぐらいまで**悩みを掘り下げれば不安がやわらぐケースが多いようです。自分の感覚に従って、気持ちがラクになったあたりで記入を止めればいいでしょう。

このテクニックが効果的なのは、心配事の行く先を見通せるようになるからです。

## スクリプト再生法　記入例

いま自分が恐れていることは
なんだろう？

明日のプレゼンに
失敗するだろう

その「恐れていること」が実際に
起きたら、次はどうなるだろう？

プレゼンに失敗して
契約が取れない

その「恐れていること」が実際に
起きたら、次はどうなるだろう？

契約が取れなかったら
売上目標を達成できない

その「恐れていること」が実際に
起きたら、次はどうなるだろう？

売上目標を達成できないと
評価が下がる

その「恐れていること」が実際に
起きたら、次はどうなるだろう？

評価が下がったら
ボーナスが減る

その「恐れていること」が実際に
起きたら、次はどうなるだろう？

ボーナスが減ったら
おこづかいが減る

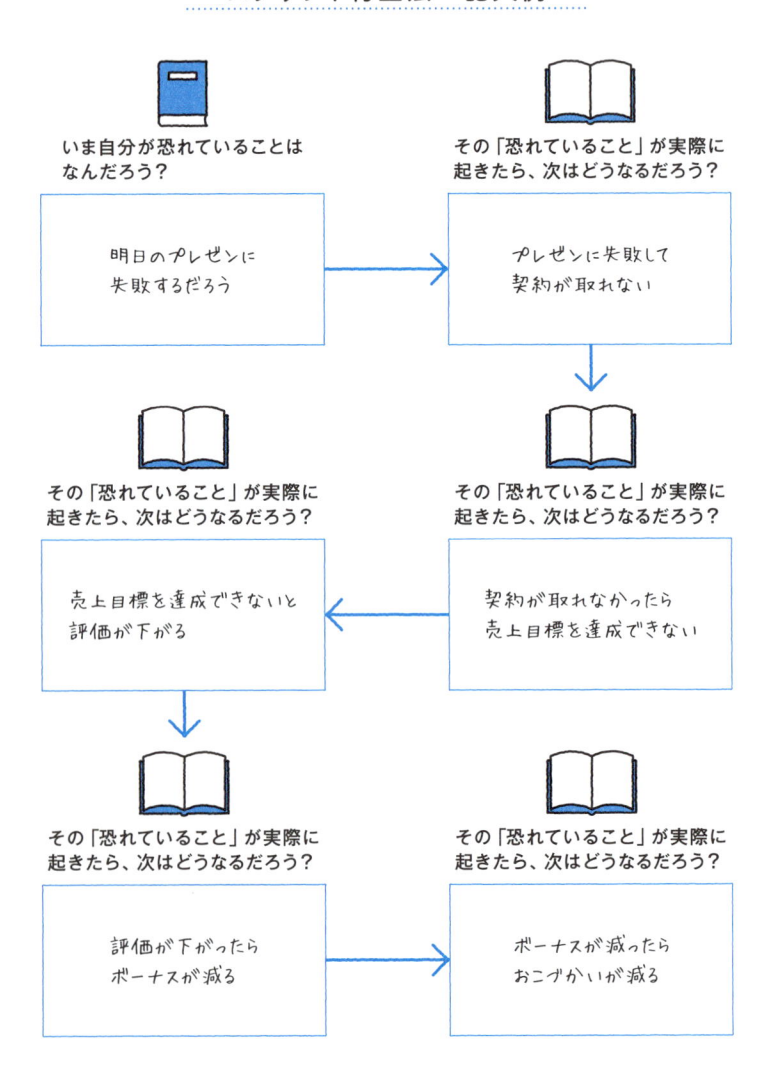

たとえば、「明日のプレゼンに失敗しそうだ……」と悩んでいるだけでは、どうしても未来のイメージがハッキリせず、不安な印象が暴走を始めてしまいます。

「プレゼンに失敗したらヤバい。どうなるかはよくわからないが、とにかくマズいことになる……」

このように、本当は何がマズいのかはよくわかっていないのに、**あいまいなイメージだけがふくれ上がる**のです。

が、ここで「スクリプト再生法」を使うと、あいまいだった不安に明確なイメージが生まれます。「明日のプレゼンに失敗しても、最終的にはおこづかいが減るぐらいが関の山……」と思えれば、なんとなく不安に苦しんでいたときよりは確実に気持ちがラクになるでしょう。

しつこい心配が頭を去らないときは、まず試してみるべきテクニックです。

CHAPTER

05

# 優柔不断をなくす

NOTE 12

## どこから手をつければいいかわからないなら

# 行動プライオリティベクトル

複雑化が進む現代では、やらねばならないタスクの数が日々増え続けます。

仕事の場面であれば、進行中のプロジェクト、めんどうな経費の計算、イベントの管理。プライベートでも、資産の管理、友人と遊ぶ連絡、部屋の掃除。仕事でもプライベートでも、現代では細かいタスクが毎日のように増えていくのが普通でしょう。

そんな状況で私たちがハマりがちなのが、**「選択疲れ」**という現象です。

たくさんの選択肢を与えられると、私たちの脳は「いったいどれを選ぶのがベストなのだろう……」と悩みはじめ、大量のエネルギーを使い始めます。

結果、ようやく選び終えたころには脳が疲れ果て、実際に行動を起こすだけの気力が失われてしまうのです。この状態が長く続くと、あなたの心からは少しずつモチベーションが失われ、いよいよタスクが積み重なっていきます。これが「選択疲れ」です。

**「行動プライオリティベクトル」**は、この問題を解決するために作られた記録術です。

このテクニックの目標は、50ページで取り上げた「クイック・ウィン」を的確に選ぶことです。大量の選択肢から、短期間で結果が出やすいタスクを探し、脳のエネルギーの浪費を防ぐのがゴールになります。

## 行動プライオリティベクトル

| 活動 | 影響度<br>（1–10） | 労力<br>（1–10） |
|---|---|---|
| | | |
| | | |
| | | |
| | | |
| | | |
| | | |
| | | |
| | | |
| | | |

| 〈 クイック・ウィン 〉 | 〈 大プロジェクト 〉 |
|---|---|
| 〈 穴埋め 〉 | 〈 無益 〉 |

**ステップ1　活動**

自分がすべきタスクをすべてリストアップします。仕事のプロジェクトやプライベートの雑事まで、どんなタスクでも構いません。頭の片隅に引っかかっているようなタスクはすべて書き出してください。

**ステップ2　影響度**

リストアップしたタスクについて、「そのタスクをこなしたらどれぐらい**人生が改善するか？　豊かな人生につながるか？**」を考えて**10点満点**で採点しましょう（影響が大きいものほど高得点）。

**ステップ3　労力**

リストアップしたタスクについて、「そのタスクをこなすためにどれぐらいの努力が必要か？　どれぐらいコストがかかるか？」を考えて、こちらも**10点満点**で採点しましょう（労力が多いものほど高得点）。

## ステップ4　タスク分類

記録用紙は4つのブロックで構成されており、タテ軸が「そのタスクを実践した際の**影響レベル**」を示し、ヨコ軸は「そのタスクを実践する際に**必要な労力**」を表しています。

ステップ2と3でつけた点数を参考に、それぞれのタスクを4つのブロックに分類しましょう。各ブロックは次のような意味になります。

**クイック・ウィン**　影響度が高く、労力が少ないタスクはここに分類します。低コストでリターンが大きいため、**もっとも魅力的なタスク**です。

**大プロジェクト**　影響度が高く、労力も多いタスクはここに分類します。**達成したときのリターンは大きいものの、エネルギーと時間を大量に使ってしまうタイプのタスク**です。人生では大きなプロジェクトにチャレンジするのも大事ですが、そればかりでは達成感が得られにくく、人生が無味乾燥になりかねません。また、大きなプロジェクトは存在感があるため、他のタスクを覆い隠してしまうデメリットもあります。大きいプロジェクトに精力を傾けがちな人は、少し距離を取るように心がけてください。

**穴埋め**　影響度が低く、労力も少ないタスクはここに分類します。皿洗いや経費精算のよ

## 行動プライオリティベクトル　記入例

| 活動 | 影響度 (1-10) | 労力 (1-10) |
|---|---|---|
| デジタル商品の作成 | 8 | 9 |
| 営業10件行く | 9 | 10 |
| 無料オファーの作成 | 8 | 3 |
| ライブに行く | 2 | 3 |
| ゲームをクリアする | 2 | 6 |
| 皮膚科に行く | 6 | 4 |
| フェイスブック、ツイッターの記事作成 | 4 | 3 |
| メールアドレス獲得のページ作成 | 8 | 2 |
| | | |

| 〈 クイック・ウィン 〉 | 〈 大プロジェクト 〉 |
|---|---|
| メールアドレス獲得のページ作成<br>無料オファーの作成 | 営業10件行く<br>デジタル商品の作成 |
| **〈 穴埋め 〉** | **〈 無益 〉** |
| 皮膚科に行く<br>ライブに行く<br>フェイスブック、ツイッターの記事作成 | ゲームをクリアする |

うに、人生を大きく左右しないタスクは、ここに当てはまるでしょう。

当然ながら、穴埋めのタスクに大きな時間を割く必要はありません。「時間が空いたときか締め切りが近づいたタイミングでやろう」ぐらいに考えておき、**他人に任せることも考えて**ください。

**無益**　影響度が低いわりに、労力が多いタスクはここに分類します。リターンが少ないのに時間とコストばかり食うので、**できるだけ避ける**ようにしてください。

すべての記録が終わったら、あとはクイック・ウィンに分類したタスクから手をつけていくだけです。50ページで紹介した「前進の法則」が起動し、優柔不断をラクに乗り越えられるようになります。

# NOTE 13
# 優柔不断を撃退するためのSWOT《スウォット》分析

**「SWOT《スウォット》分析」**は、1970年代にスタンフォード大学が考案し、企業のマーケティング戦略に使われてきたフレームワークです。Strength（強み）、Weakness（弱み）、Opportunity（機会）、Threat（脅威）の頭文字をつなげたもので、企業が自社製品の強みを見極め、経営戦略の最適化を行なうのに役立ちます。

さらに近年では心理療法のテクニックとしても効果が高いことが明らかになり、優柔不断を撃退するためにも使われるケースが増えてきました。さっそく使い方を説明しましょう。

## SWOT分析

**分析したい行動**

| 〈 強み 〉 | 〈 弱み 〉 |
| --- | --- |
| 〈 機会 〉 | 〈 脅威 〉 |

**上の分析を見て直感的に何を感じたか？**

**分析したい行動**　実践すべきかどうか悩んでいるタスクの内容を書きます。

**強み**　その行動を実践するにあたり、「自分には**どのような能力**があるのか？」「他人よりも**優れているポイント**はどこだろうか？」と考えて、出てきた答えをすべて書き込んでください。

**弱み**　その行動を実践するにあたり「**あまりうまくできないところ**はどこだろうか？」「他人よりも**劣っているポイント**はどこだろうか？」と考えて、出てきた答えをすべて書き込んでください。

**機会**　その行動を実践するにあたり、「もしその行動を実践したら、**どのようなチャンス**が手に入るだろうか？」「その行動には、**新たな機会をもたらすポテンシャル**があるだろうか？」と考えて、出てきた答えをすべて書き込んでください。

**脅威**　その行動を実践するにあたり、「もしその行動を実践したら、**どのようなリスク**があるだろうか？」「その行動によって**起こりそうな悪影響**はなんだろうか？」と考えて、出てきた答えをすべて書き込んでください。

**感想**　ここまで書き込んできた４つの分析を改めて見直して、直感的に自分が感じたことを書きましょう。

4つの分析のおかげで「意外と自分には目標を達成するポテンシャルがある」と思えばそれを素直に記入すればいいですし、もし「思っていたよりもゴールまでの道のりは険しい」と感じたなら、それも正直に書き込んでください。

分析の結果あなたが何を感じようが、ただ漠然と「ゴールを達成できるだろうか……」と悩んでいたときよりは確実に見通しが良くなり、その分だけ正確でスピーディーな決断が下せるようになるはずです。

## SWOT分析　記入例

| 分析したい行動 |
| --- |
| プログラミングの勉強を始める |

| 〈 強み 〉 | 〈 弱み 〉 |
| --- | --- |
| 昔から論理的な能力には自信がある。<br>学生時代にC言語の基礎は学んだ。<br>詳しい友人がいる。 | 本業と同時進行するのでとにかく時間がない。<br>最新情報を得るには英語が必要だが、自信がない。 |
| **〈 機会 〉** | **〈 脅威 〉** |
| パソコン1台で仕事ができるようになってストレスが減りそう。<br>独立も可能かも? | 他のことをやる時間が減って、本業のパフォーマンスが下がる?<br>同時に英語の勉強をするのはさすがに無理かも。 |

| 上の分析を見て直感的に何を感じたか? |
| --- |
| よく見ると時間の問題がいちばんの脅威になっているようなので、そこをクリアできればなんとかなりそう。プログラミングの勉強法について調べるより、ムダな趣味を減らすことに力を注ぐのが先かも。 |

NOTE 14

# 大事なことから逃げたくなったら TRAP《トラップ》・TRAC《トラック》法

気持ちが落ち込むと、私たちはどうしても大事なことを後回しにしがちです。

本当は勉強をしなければならないのにテレビを見続けたり、企画書を書かねばならないのにスマホで時間を潰してしまったりと、誰もが一度は心当たりがあるでしょう。

なかでも後回しになりがちなのが、マイナスからのリカバリーを求められるタスクです。「こちらのミスで迷惑をかけた相手への謝罪」や「たまったローンの返済」のような状況では、メンタルが落ち込んでなくとも逃げたくなるのが普通です。

**「TRAP《トラップ》・TRAC《トラック》法」**は、そんなときに使える記録術です。行動活性化療法の世界で生まれたテクニックで、つい逃げたくなってしまうタスクに立ち向かえるメンタルを育む効果があります。

「TRAP《トラップ》」と「TRAC《トラック》」は複数の単語の頭文字をまとめた略語で、次の項目で構成されています。

- **TRAP：トリガー（Trigger）→レスポンス（Response）→回避パターン（Avoidance Pattern）**
- **TRAC：トリガー（Trigger）→レスポンス（Response）→代理コーピング（Alternative Coping）**

TRAP・TRAC法は、「TRAP」と「TRAC」、2つの記録用紙で構成されます。TRAPで「大事なことから逃げている自分」を客観的に分析し、TRACで問題の解決を図っていきます。

それでは、書き込む内容を見ていきましょう。まずは、TRAPで自分を客観的に分析していきます。

## TRAP　記入例

| トリガー | レスポンス | 回避パターン |
|---|---|---|
| こちらのミスで迷惑をかけた相手に謝罪しなければならない。 | ・なんで私が謝らなきゃいけないんだ、と思う。<br>・相手に怒られている自分のイメージが浮かぶ。 | ・とりあえず引きこもる。<br>・相手に電話をかけようとしてやめる。<br>・ネットを見て気をそらす。 |

| その回避パターンで短期的に何が起きるか？ | その回避パターンで長期的に何が起きるか？ |
|---|---|
| ・とりあえず嫌なことを先延ばしできて一安心。<br>・ずっと小さな緊張感が続いている感じ。 | ・長引くほど関係性が悪化するだろう。<br>・そのうち相手とは完全に会えなくなってしまいそう。 |

**トリガー**　**あなたが後回しにしているタスク**は、ここに記入します。やらなきゃならないとわかっているのに、なんだか気分が乗らなかったり、積極的に避けてしまったりするようなイベントを書き込んでください。

**レスポンス**　「後回しタスク」について考えたときに、あなたの中に**どんな思考や感情がわきあがるのか**を記入します。

　たとえば「勉強をしなければならない」というトリガーであれば、「すぐにやらなくてもいいだろう」や「そもそも勉強する理由がよくわからない」「とにかくめんどくさくてたまらない」のように、頭の中に自然と浮かんでくる思考や感情を思いつくだけリストアップしてください。

**回避パターン**　「後回しタスク」をやらねばならないときに、あなたが**どのような問題行動を取ってしまうのか**を書き込みます。「勉強をしなければならないのに昔のマンガを読みだす」「とりあえず部屋を掃除してみる」「寝る」など、自分の行動を振り返り、これまでに取ってきた問題行動をすべて書き込みましょう。

**回避パターンの短期的な影響**　前項の回避行動をしたあとに、どのような変化が起きるのかを記録します。「勉強の代わりにマンガを読んで罪悪感」「部屋がきれいになって意外とスッキリ」「自分に嫌気がさす」など、**回避行動の短期的なメリットとデメリット**を考えてみましょう。

**回避パターンの長期的な影響**　回避行動を今後も取り続けたら、**数年スパンでどのような変化が起きそうか**を予想して書き込みます。「勉強をしなかったせいで昇進ができないだろう」「人生に後悔しながら暮らしているかもしれない」のように、大事なタスクを避け続けたらどうなるかを書き込んでください。

## TRAC　記入例

| トリガー | レスポンス | 代理コーピング |
| --- | --- | --- |
| こちらのミスで迷惑をかけた相手に謝罪しなければならない。 | ・なんで私が謝らなきゃいけないんだ、と思う。<br>・相手に怒られている自分のイメージが浮かぶ。 | ・親しい友人に謝罪の方法を相談する。<br>・とりあえず謝罪メールだけは書いてみる。 |

| その代理コーピングで短期的に何が起きるか？ | その代理コーピングで長期的に何が起きるか？ |
| --- | --- |
| ・事態がちょっとだけでも前に進む。<br>・最初は緊張するが、後の安心感が大きそう。 | ・相手との関係性が改善しそう。少なくとも悪化はしなさそう。<br>・難しい問題に取り組めた自分に自信が持てそう。 |

続いて、TRACで問題の解決を図ります。

**トリガー&レスポンス**　この2つの項目には、TRAPと同じく「後回しタスク」と「頭の中に浮かぶ思考と感情」を記入します。TRAPに記録したものと**同じ内容になるかもしれませんが、ちゃんと書き込むように**してください。

**代理コーピング**　TRAPに書き込んだ**「回避パターン」から抜け出すために、代わりにできそうな行動**をリストアップしてください。

「マンガを読んでしまう」のが問題なら、その代わりに「1ページだけ参考書を読む」。「つい寝てしまう」のが問題なら、その代わりに「帰宅後すぐに勉強する」。問題を避けるために使えそうな代わりの行動を考えてみましょう。

代理の行動を思いつかない場合は、次の質問について考えてみてください。

**・長期的により良い結果を出すためにはどうすればいいだろうか？**

**・自分が大事にする「価値観」に沿った行動を取るにはどうすればいいだろうか？**

**・今後の幸福度を高めてくれそうな行動はなんだろうか？**

**代理コーピングの短期的な影響**　前項の「代理コーピング」を確認し、「この行動を取ったら短期的にどうなるだろうか？」と想像してみましょう。「1ページ参考書を読めばとりあえず安心できそう」や「めんどくさい気分が高まりそう……」など、**数分から1日単位でどのような変化が起きそうか**を考えて書き込んでください。

**代理コーピングの長期的な影響**　もし代理コーピングを実践したら、数年後にどのような変化が起きるかを想像します。「もっと自信がつきそう」や「年収が上がってるかも」のように、**長期的に起きそうな結果**を書き込んでください。

## TRAP

| トリガー | レスポンス | 回避パターン |
| --- | --- | --- |
| | | |

| その回避パターンで短期的に何が起きるか？ | その回避パターンで長期的に何が起きるか？ |
| --- | --- |
| | |

## TRAC

| トリガー | レスポンス | 代理コーピング |
| --- | --- | --- |
| | | |

| その代理コーピングで短期的に何が起きるか？ | その代理コーピングで長期的に何が起きるか？ |
| --- | --- |
| | |

TRAP・TRAC法のポイントは、問題の分析を短期と長期に分けているところです。**通常、大事なことから逃げがちな人は、考え方が短期的になる傾向があります。**本当は長い目で見て大きなメリットを選ぶほうが正解なのに、ネガティブな感情のせいで視野がせばまり、ネットや睡眠のように手軽な喜びを選んでしまうのです。

そこでTRAP・TRAC法を使えば、自分がいかに短期的な行動ばかりし続け、いかに長期的なメリットから目をそらしてきたかを理解できます。この認識が無意識的な反応にブレーキをかけ、あなたを大きなメリットに導いてくれるわけです。

CHAPTER

# 06

# ネガティブ思考を乗りこなす

NOTE 15

ネガティブ思考を解決するための
# 思考裁判記録表

**「思考裁判記録表」**は、その名のとおりあなたの頭の中を裁判所に見立てて、ネガティブ思考の改善を狙うテクニックです。その歴史は古く、1980年代にはすでに心理療法の現場で広く効果が認められていました。まずは使い方をご説明します。

**ステップ1　被告**

一番上の「被告」エリアには、あなたを悩ませるネガティブ思考をひとつだけ記入します。「あの失敗は自分が悪いのだ」「私はつまらない人間だ」「誰にも必要とされていない人間だ」など、**定期的に頭に浮かぶネガティブ思考**を書きましょう。

## 思考裁判記録表

被告

弁護

検察

陪審

判決

## ステップ2　弁護

あなたのネガティブ思考を弁護する情報を書き込みます。

たとえば、「私はつまらない人間だ」という文章に対しては、「こないだのパーティーで冗談がスベって空気が凍った」や「おもしろいことを何も思いつかない」など、被告の主張を裏づけてくれそうなエビデンスを記入していきましょう。

ネガティブな思考を補強していくのは辛い作業かもしれませんが、このテクニックでは欠かせない作業です。脳内のバーチャル弁護士がしゃべりまくっているイメージを浮かべつつ、裁判モノのドラマを見るような気持ちで取り組んでください。

## ステップ3　検察

次は検察の番です。被告の主張がデタラメだと証明できそうな証拠やアイデアを考えて、3つ目のエリアにリストアップしていきます。

もし被告が「私はつまらない人間だ」と主張したなら、検察の反証は次のようになるでしょう。

・いつもスベっているわけではなく、ウケを取ったこともある
・冗談ではなくて自分の知識を語ったときは、みんなじっくりと聞いてくれる
・というか、そもそも他人を楽しませるのがおもしろい人間の条件なのか？

どのような反論でも構わないので、**被告の主張を覆してくれそうなエビデンス**を考えてください。

## ステップ4　陪審

陪審の役目は、弁護士と検察官が出してきたエビデンスを確かめ、どちらが正しいのかを判断することです。

・被告が言うとおり、被告は周囲の空気を凍らせやすい傾向があるな……
・冗談がウケるケースもなくはないので、完全につまらない人間とは言えないな……

それぞれの主張がどれぐらい正しいのかを考えてみてください。

ここで大事なのは、**検察だけに肩入れしてはいけない**ところです。陪審がすべきはエビデンスにもとづいた冷静な判断のみ。特定の感情に流されずに判断を行なってください。

### ステップ5　判決

最後は判決です。あなたは裁判長のつもりになって、ここまでの議論をもとに「いまの自分は被告の主張をどう思うか？」を書いてみましょう。「確かに自分は冗談が苦手なようだが、そもそも話の楽しさだけが『おもしろい人間』の条件ではない。マジメな話で他人を引きつける能力も重要だろう」といった感じです。

くり返しになりますが、検察のエビデンスだけに重きを置く必要はありません。弁護士の主張にも真実があるなら、どんなに耳が痛くても判決文に取り入れてください。

このテクニックの目的は、**ひとつの主張をいろいろな角度から見直して、より現実的でバランスの取れた考え方を導き出す**ことです。弁護士と検察のエビデンスを公平にながめ、新しい考え方に行き着くよう意識してみましょう。

## 思考裁判記録表　記入例

### 被　告

自分は悪いことばかり考えるダメな人間なのだ。

### 弁　護

・他人の不幸を願っていることがよくある。悪い人間でなければこんなことは思わないはずだ。

・このあいだも、実際に友人にひどいことを言ってしまった。他人よりもこのようなトラブルが多いのは間違いない。

### 検　察

・別に常に他人を傷つけたことはない。と言うか、頭で思うことはあっても実行に移すことはほぼない。

・誰でも他人に対して悪いことを考えることはあるはずだ。

・他人に親切にして感謝をされたこともある。

### 陪　審

・たしかに、他人にひどいことを言うケースは多いが、それで必ずしも根っこから悪い人間だとは言えない。

・事実、良い行ないをしてきたことも過去にたくさんある。

### 判　決

他人について悪いことを考えるのは普通のことであり、それは本当にダメな人間なことを意味しない。ただし、自分はときおり感情のコントロールが効かなくなりやすいのも事実なので、そこについて対策を考えていったほうがよいだろう。

NOTE 16

# ネガティブをポジティブに変える
# ポジティブ思考フォーミュレーション

2006年、ハーバード大学が7万人の女性を集め、全員の「楽観レベル」を調べました。「先行きが不透明でも未来は良くなると感じられますか？」などの質問を重ねて、どこまでポジティブにものごとを見られる性格なのかをチェックしたのです。

その上で6年にわたって参加者の健康状態を追跡し続けたところ、おもしろい事実が明らかになりました。**楽観レベルが高い人は、ネガティブな人にくらべて29%も早死にしづらい傾向があった**のです。

この結果について、研究チームは次のようにコメントしています。

「楽観的な人たちは、不慮の事故に備えて計画を立てるのが上手いのかもしれない。(中略)さらに、楽観主義が直に生物学的な機能に影響をあたえ、免疫系を改善しているのだろう」

楽観的な人はトラブルの対処がうまいだけでなく、体内の免疫システムも改善しているのだろう、というわけです。

楽観主義の利点は昔から何度も指摘されており、健康状態の改善のほか、幸福度や収入レベルの向上といったメリットも報告されています。ネガティブ思考が必ずしも悪いわけではありませんが、ある程度は未来を楽観的にとらえられるほうが良いのは明らかでしょう。

しかし、ネガティブな人に向かって、急に「楽観的になりましょう！」と言ったところで意味はありません。ネガティブ思考は長年にわたって脳に染みついた澱《おり》のようなものであり、ちょっとやそっとでは変えられないからです。

**「ポジティブ思考フォーミュレーション」**は、そんなタイプの人に使って欲しい記録術のひとつです。ついものごとをネガティブに考えてしまう**「思考の癖」を正し、少しずつ前向きな方向に変えていく**効果を狙ったテクニックです。

ポジティブ思考フォーミュレーションは、「ネガティブ思考」「理性的な思考」「ポジティブ思考」という3つのコラムに分かれた次のような記録用紙を使います。

## ポジティブ思考フォーミュレーション

| ネガティブ思考 | 理性的な思考 | ポジティブ思考 |
|---|---|---|
| | | |
| | | |
| | | |
| | | |
| | | |
| | | |
| | | |

## ステップ1　ネガティブ思考

自分が普段から抱きがちなネガティブ思考を書き込みます。「自分はうまく人と話せない」「私にはいまの仕事は向いていない」「あの上司は最低だ」「こないだの失敗で他人から嫌われた」など、**思いついたものをどんどん記入**していきましょう。

もっとも、急にネガティブ思考を書き出せと言われても、うまくリストアップできない人が多いかもしれません。そんな場合は、144ページで紹介する**「ストレス日記」**を事前にやっておき、日ごろから自分のネガティブな思考を集めておくのがオススメです。

## ステップ2　理性的な思考

続いて、「理性的な思考」を記入します。先ほど書き込んだネガティブ思考のリストを見て、**「この内容は本当に正しいのか?」「論理的に考えて正しいのか?」**と考えてみましょう。

たとえば、「あの上司は最低だ」というネガティブ思考について考えてみましょう。

どの組織にも嫌な人間のひとりやふたりはいるものですが、かといって根っこから意地が悪い悪党も意外と少ないもの。最低だったはずの上司が、別の部署に移ったら穏やかなキャラに変わったようなケースもよくあります。

この現実をふまえれば、「理性的な思考」は次のようになるでしょう。

・あの上司は最低な行動を取ることもあるが、優しいことを言うこともある
・基本的に嫌な奴だが、つねに最低というわけでもない

いったん嫌いになった相手を客観的に見つめ直すのは難しい作業ですが、そんなときは「自分の友人が同じようなネガティブ思考を抱えていたら、どんなアドバイスをしてあげられるだろうか？」と考えてみましょう。自分の感情を離れて、より理性的な判断をしやすくなるはずです。

また、**多くの場合、私たちのネガティブ思考は3つのパターンに分類できます**。なかなか理性的な思考を思いつけないときは、こちらも参考にしてください。

**力不足系ネガティブ**

「いまの仕事は難しすぎる」や「人と話すのが苦手だ」のように、**自分の能力への不安**が原因で起きるネガティブ思考です。このような思考に悩まされたときは、次のような質問の答えを考えてみましょう。

・自分は、その思考を否定できるような**体験やリソース**を持っていないだろうか？
・自分に能力がないのではなく、**適切な準備や練習をおこたっていた**のではないだろうか？
・これまでに、その問題を処理するための**教育やトレーニング**を受けたことはなかっただろうか？
・自分が設定している**基準や理想が高すぎる**ことはないだろうか？

**コントロール不能系ネガティブ**

「あの上司は最低だ」や「電車が事故で止まってイライラする」のように、**自分の力ではどうにもならないこと**に対するネガティブ思考です。このような問題はコントロールしようがないので、こだわるだけ時間のムダ。このタイプの思考に悩まされたときは、次のような質問の答えを考えてみましょう。

・その問題のせいで起こりそうな**トラブル**について、なんらかの備えをしただろうか？
・その問題が自分に及ぼす**リスク**に対して、しっかりと考え、対策や計画を練っただろうか？

**リアクション系ネガティブ**

「こないだの失敗で他人から嫌われた」や「こんなことをしたら友人からヘンに思われる」のような、**他人からのリアクションに不安**を抱くタイプのネガティブ思考です。このような思考には、次の質問に対する答えを考えてみてください。

・自分がやりたい行動について、**適切な準備**をしただろうか？
・こちらの失敗に嫌な反応を示すような人物は、**どのようなタイプの人物**だと考えられるだろうか？

・もし他人のリアクションが悪かったとしても、それは**自分でコントロール**できることだろうか？

## ステップ3　ポジティブ思考

最後に「ポジティブ思考」を書き込みます。ステップ1で書いた「ネガティブ思考」に立ち向かえるような文章を考えてみてください。いくつか例を挙げましょう。

・「いまの仕事は難しすぎる」→「自分は頼りになる同僚もいるし、十分な情報を持っており、仕事もこなすことができる」
・「あの上司は最低だ」→「上司のキャラはどうにもならないので、自分がすべきことを淡々とやる」
・「プレゼンに失敗したら同僚から嫌われるだろう」→「適切な準備をしているので普通にプレゼンはやれるだろう。もし失敗して嫌われても、それはコントロールできない」

このステップで大事なのは、理性的な思考をふまえたうえで、ポジティブな結論を導き出さねばならない点です。

理性的な思考を飛ばしてポジティブなことを考えると、ほとんどの人は「理想化の罠《わな》」と呼ばれる心理にハマりやすくなります。たとえば「いまの仕事は難しすぎる」というネガティブ思考に対して「仕事なんて簡単！」と思ってしまうなど、現実とはかけ離れた思考に陥りがちなのです。

**現実性のないポジティブはただの妄想でしかありません。**正しいデータと理性的な判断にもとづいて、「これなら何とかなりそうだ」と思えてこそ、地に足がついた真のポジティブと呼べるのです。

ネガティブ思考に立ち向かうときは、**必ず理性を使うように意識**してください。

## ポジティブ思考フォーミュレーション　記入例

| ネガティブ思考 | 理性的な思考 | ポジティブ思考 |
|---|---|---|
| スピーチで頭が真っ白になりそうで怖い。 | スピーチについて、そもそも自信が持てるだけの練習をしていない。 | ちゃんと練習して、頭が真っ白になった時の対策もしておけば大丈夫だろう。 |
| 同僚から手伝うと言われたのは、こちらをできない人間だと思っているからでは？ | 同僚が実際に何を考えているかはわからない。過去に親切な人間だったのは間違いない。 | 基本的にこちらの思い込みだろうから、素直に厚意を受けたほうが得だ。 |
| 友人から連絡がないのは嫌われたからだ。 | 友人の連絡が遅いのはいまに始まったことでもない。 | 相手の意図を詮索しても仕方ないので、その時間を別のことに使おう。 |
| ネガティブなことばかり考える自分は情けない。 | ネガティブなことをよく考えるのは確かだが、たまに役立っているときもある（不安のせいで人より練習するとか）。 | 役に立つネガティブと役に立たないネガティブを見極めて有効活用すればいい。 |
| 挨拶もまともにできなかった。自分は常識がない人間だ。 | 挨拶ができなかったと悩む時点で常識がある証拠になっている。 | 常識はあるので、あとは対人スキルを伸ばすことに集中すればOK。 |
| プロジェクトの失敗は自分のせいだ。 | 自分のせいでプロジェクトの失敗が左右されるほど、自分には影響力がない。 | 自分がしくじったポイントを次に活かそう。 |
| いまの仕事がダメになったらもう終わりだ。 | 終わりの定義がよくわからないので、そもそも何を恐れているのかもよくわからない。 | 漠然と「終わり」を考えないで、ちゃんと「終わり」を定義してから対策を立てよう。 |

NOTE 17

# 過去を引きずってしまうなら
# 挫折マネジメント

人生には挫折がつきもの。どれだけ周到に準備を重ねようが、ものごとがうまくいかないケースはよくあります。

すぐ気持ちを切り替えられればいいですが、なかには挫折の体験をいつまでも引きずり続け、生産的な行動に手をつけられなくなる人も少なくないでしょう。「あのときこうしておけば……」といった後悔ばかりが頭をよぎってしまう状態です。

こんなとき認知行動療法の世界では、**「挫折マネジメント」**という記録術を使います。

挫折の痛みを乗り越えて、その体験を逆に次なるアクションの糧にするためのテクニックです。

## 挫折マネジメント

私が挫折したのももっともだ。なぜなら……

この挫折から学んだことと言えば……

「いま同じことが起きたらこう行動するだろうな」と考えるポイントは……

以上のことから、いま自分はどう行動するかと言うと……

ほかにも挫折の原因になりそうな要素は……

挫折マネジメントでは、5つのブロックに分かれた記録用紙を使います。忘れられない過去の挫折をひとつだけ選び、次の要領で書き込んでください、

**ステップ1**　一番上のコラムには、その**挫折が起きた理由**を記入します。当時の環境が悪かったのか、タイミングが適していなかったのか、はたまた体調の問題だったのか。いったい何が良くなかったのかを、正直に考えましょう。

**ステップ2**　次に、その挫折体験から学んだことを書きます。挫折の原因を思い返して、それを防ぐためにはどうすればよかったかを考えてみてください。

**ステップ3**　3つ目のコラムには、いま同じような問題が起きたらどう行動するかを書き込みます。挫折を招いた原因について考えながら、「ほかにも似たような失敗をしたことはないか？」などと自問自答するといいでしょう。

**ステップ4**　4つ目のコラムには、あなたがこれからできることを記入します。ステップ1～3までの書き込みをふまえて**同じ失敗を防ぐためにできそうなこと**を考え、すぐにでも実践できそうなレベルまで落とし込んでください。

## ステップ5

一番下のコラムには、未来に似たような失敗を起こしそうな別の要因はないかどうかを書き込みます。「果たして自分はどのような状況に弱いだろうか?」「過去に他人から指摘された弱みはなんだろうか?」などを考えて、**将来ありそうな挫折の原因**をいくつか書いてみましょう。

以上のステップを最後まで行なうと、あなたの注意は過去から未来に向かうため、**将来の対策を積極的に考えるマインド**に切り替わっていきます。この注意の転換が、**あなたを挫折の過去から解き放ってくれる**でしょう。失敗を引きずりがちな人は、定期的に挫折のマネジメントをしてください。

## 挫折マネジメント　記入例

**私が挫折したのももっともだ。なぜなら……**

仕事が忙しすぎて、自分のストレスを減らしてくれるようなことをないがしろにしていたからだ。あのときは、友人に会ったり運動したりすることも止めていた。

**この挫折から学んだことと言えば……**

ストレス解消を最優先にしないと、いろんなことに悪影響が出てしまう。ものごとをスムーズに進めるにはメンタルを管理しなければならない。

**「いま同じことが起きたらこう行動するだろうな」と考えるポイントは……**

友人にもっとグチを聞いてもらうか、上司に仕事を減らしてくれるように申し出るだろう。

**以上のことから、いま自分はどう行動するかと言うと……**

ストレス対策をもっと積極的に考えて、もし時間がなくなったとしても、友人との遊びと運動は減らさない。

**ほかにも挫折の原因になりそうな要素は……**

- 根回しをサボる癖があり、これがトラブルを引き起こしそう。
- 仲間に仕事を任せるのが下手なので、また仕事を忙しくする原因になりそう。

CHAPTER

07

# ストレスに強い心を育てる

NOTE
18

# ストレスの急所を把握できる
# ストレス日記

仕事のトラブル、嫌なニュース、通勤ラッシュ。原因はどうあれ、日々の暮らしでストレスを感じない人はいません。この問題を防ぐには、もちろん適切なストレス解消法を行なうのが一番！

……と言いたいところですが、実はその前にやっておくことがあります。それは、いまあなたがどんなストレスを感じているのかを正しく把握することです。

「そんなことはよくわかっている」と思われる方も多そうですが、実際のところ**自分のストレスレベルを理解できている人はほとんどいません**。

**・もっとも発生回数が多いストレスはなんだろう？**

**・ストレスに対して、どんな感情を持つ傾向があるだろう？**
**・いつも自分はどんな対策を取り、それはどれぐらいの効果を上げているだろう？**

これぐらい細かいポイントをつかんでおかないと、どのようなストレス解消法を使っても効果が激減してしまうのです。

この現象は、「貯金」によく似ています。いざお金を貯めようと思っても、普段から自分がどのような場面でお金を使い、どれぐらいの収入があるのかを把握しておかねば手の打ちようがありません。闇雲に交際費を削ってみたところで、場当たり的な成果しか得られないでしょう。

そこで心理療法の世界では、**「ストレス日記」**というテクニックをよく使います。日々のストレスを細かく書き残し、それぞれが自分の人生にどのような影響をおよぼしているのかをチェックするための記録術です。

ストレス日記は、次のように使います。

## ストレス日記

| 日時 | ストレス | 幸福度 | 感情 | 生産性 | ストレス源 | 身体反応 | 対処レベル |
|---|---|---|---|---|---|---|---|
| | | | | | | | |
| | | | | | | | |
| | | | | | | | |
| | | | | | | | |
| | | | | | | | |
| | | | | | | | |
| | | | | | | | |
| | | | | | | | |
| | | | | | | | |
| | | | | | | | |
| | | | | | | | |
| | | | | | | | |
| | | | | | | | |

**日時**　ストレスを感じた日付と時間を記入します。

**ストレス**　ストレスの内容を簡潔に記入します。

**幸福度**　そのストレスを受けたせいで、気分がどこまで落ち込んだかを**10点満点**で採点します。最低の気分なら0点で、最高の気分なら10点です。

**感情**　そのストレスに対して、どんな感情を抱いたかを記録します。「怒り」「悲しみ」「イライラ」など、気持ちを正確に表せる言葉を探してください。

**生産性**　そのストレスを受けて、自分の生産性がどう変化したかを**10点満点**で採点します。いかにストレスが強くても、いつもと同じように働いたり日常の雑用をこなしたりすることができていれば10点、何も手につかなくなったのなら0点です。

**ストレス源**　「上司」「子ども」「ネットニュース」など、あなたにストレスを与えた原因を書きます。

**身体反応**　ストレスを感じた後、体にどんな変化が現れたかを記録します。「頭痛がした」「胃のあたりが重い」「手のひらに汗」のように、簡潔に書き込んで下さい。

**対処レベル**　そのストレスをどれだけうまく対処できたかを書きます。「全然ダメ」「怒りが爆発した」「まぁまぁ」ぐらいの表現で、シンプルに書き込んでください。

## ストレス日記　記入例

| 日時 | ストレス | 幸福度 | 感情 | 生産性 | ストレス源 | 身体反応 | 対処レベル |
|---|---|---|---|---|---|---|---|
| 6/8 8:30 | 通勤ラッシュ | 4 | 朦朧 | 2 | 激混み | 吐き気 | ダメダメ |
| 10:30 | 予定の会議がキャンセル | 6 | 軽い不安 | 7 | 上司 | 胃が重い感じ | OK |
| 6/9 11:20 | 打合せの相手が30分遅刻 | 5 | イライラ | 6 | クライアント | 全身が熱い | よくない（コーヒーがぶ飲み） |
| 15:30 | 会社のプリンタが故障 | 3 | 怒り | 3 | 機械 | 頭が熱い | ダメダメ（修理の人に嫌な態度） |
| 17:40 | 予定の納品物が届かない | 5 | イライラと不安 | 6 | 外注先 | 汗ばむ | OK |
| 6/10 8:40 | 車両点検で電車が遅れる | 3 | 怒り | 8 | 電車 | 脈が速い | OK |
| 9:20 | プロジェクトの〆切が前倒しに | 2 | 超不安 | 4 | 上司 | 全身が熱い | ただ慌てる |
| 15:30 | 腰痛がひどい | 2 | 不安と苦しみ | 1 | 腰 | 全身が硬い | 薬が効果なし |
| | | | | | | | |
| | | | | | | | |
| | | | | | | | |
| | | | | | | | |
| | | | | | | | |

この記録は、**ストレスに対する自分の反応パターン**を確かめるために行ないます。分析のためには相応のデータ量が必要になるため、ある程度の期間は記録を続けないと意味がありません。ストレス日記を使う際は、最低でも2週間は続けてください。

ストレス日記の**データがたまったら、あとは分析**です。書き込んだ内容を確認して、以下のように検討を進めてください。

**ステップ1**　日記のデータを見ながら、まずは「いまの暮らしでもっとも頻発しているストレスは何か？」「自分にとってもっとも不快なストレスはなにか？」という2つのポイントをチェックします。特に影響の強そうなストレスが見つかったら、別の紙に記録しておきましょう。

**ステップ2**　日記のストレス源と対処レベルを確認し、「もっと良い対策はないか？」と考えてみましょう。もっと良いストレス解消法が見つかった場合は、こちらも別紙にまとめてください。

## ステップ3

あらためてすべてのデータを見直し、「自分はどんな状況でストレスを感じやすいのか？」と考えましょう。自分の失敗に過敏に反応しがちなのか？　他人のミスを許せない傾向があるのか？　不公平な扱いにイライラしやすい性格なのか？

ストレスが発生しやすいシチュエーションが見つかったら、これも別紙に書いておきます。

このように毎日のストレスを分析しておくと、**心がダメージを受けやすい状況がよくわかります**。ストレスへの理解が深まれば心の構えが備わり、未来にどれだけ嫌なイベントが待ち受けていようが的確な対処が可能になるでしょう。

日々のストレスに押しつぶされそうな人ほど、**まずは自分の心の負担を分析すべき**なのです。

NOTE 19

# 感情表現ノート

## ボキャブラリーを鍛えてストレス対策！

**「感情の粒度《りゅうど》」**という言葉をご存じでしょうか？　ノースイースタン大学のリサ・フェルドマン・バレット博士が提唱する概念で、ひとことで言えば「自分の感情をどこまで詳しく表現できるか？」という能力を表します。

たとえば、どんな状況でも「気分が最高！」「気分が最悪！」の2択ですべてを判断するような人は粒度が粗いと考えられます。逆に自分の感情を「砂漠にひとりで放り出されたような頼りない思い」などと精細な表現ができるなら、粒度が細かい人と言えるでしょう。

なじみのない言葉かもしれませんが、**近年の心理学では「感情の粒度」が細かい人ほどストレスに強く、人生の満足度も高い**ことがわかってきました。ある研究によれば、自分の不快な気持ちを細かく区別できる人は、そうでない人にくらべて30％も感情のコントロールがうまく、ストレスが大きな状況でもアルコールやギャンブルなどに逃げ込まない傾向があったそうです。

「感情の粒度」が大事なのは、目の前の状況を正確に理解するのに役立つからです。

一例として、「身に覚えがないことで上司に叱られた」という場面を考えてみましょう。ここで感情の粒度が粗い人は、「うわー、なんかムカつく！」とか「あいつ最悪だろ」といった言葉で事態を表現します。

シンプルな表現で状況を切り捨てるのは確かにラクですが、これでは状況をうまく判断できません。たんに「あの上司は最悪な人間なのだ」というネガティブな印象だけが脳にすり込まれ、そのまま**怒りがくすぶり続けます**。感情があいまいなせいで、事態を解決する方向性が見えないからです。

しかし、感情の粒度が細かい人は、「これは理不尽さへの正当な怒りだ」や「差別に立ち向かうローザ・パークスのような気持ちだ」のように、自分の気持ちをより明確に表現します。そのおかげで**頭の中がクリア**になり、「上司にハッキリと異を唱えるべきだ」との気持ちが生まれるのです。ただ怒りを募らせるよりも、対策の方向性が見えたほうがストレスが減るのは当たり前でしょう。

そこで**「感情の粒度」を細かくするために大事なのが、「ボキャブラリーの増強」**です。「ボキャブラリーを増やせばストレスが減る」と聞くと奇妙に思うかもしれませんが、これは複数の実験で確認された事実。多くのデータにより、ボキャブラリーが豊富な人ほどストレスで病気にならない傾向があることがわかっています。ボキャブラリーを増やしたせいで感情のコントロールがうまくなり、長期的に健康に良い影響を与えたのです。

ボキャブラリーを増やすには、当たり前ですが**小説を読むのが第一**です。数ある小説のなかでも、ゴンクール賞やブッカー賞などを取った海外の傑作は、日本の作品ではお目にかかれない感情表現の宝庫。海外小説に抵抗がない方は、手にとってみてください。

が、もっとスピーディーにボキャブラリーを増やしたいなら、**「感情表現ノート」**をつけるのも手です。

このノートは、毎日の暮らしであなたが新鮮に思った感情表現や単語を記録したノートのことです。ネット、小説、映画、マンガなど、ネタ元はなんでも構わないので、少しでも心に引っかかったり、まったく未知の単語を見つけたりしたら、とりあえず記録しておきましょう。『感情ことば選び辞典』や『感情類語辞典』などの、さまざまな心理表現を集めた書籍を当たるのもオススメです。

また、もうひとつ感情の粒度に効くのが**外国語**です。外国の言葉には日本語では言い表せない単語がいくつも存在しており、英語の例で言えば、「patronize」（ちょっと小馬鹿にした感じの親切さ）や「accountability」（決めたことへの結果に対する義務）などがそれに当たります。

英語以外の言葉にも「日本語にはない感情」を表す言葉がいろいろあり、ハンガリー語で

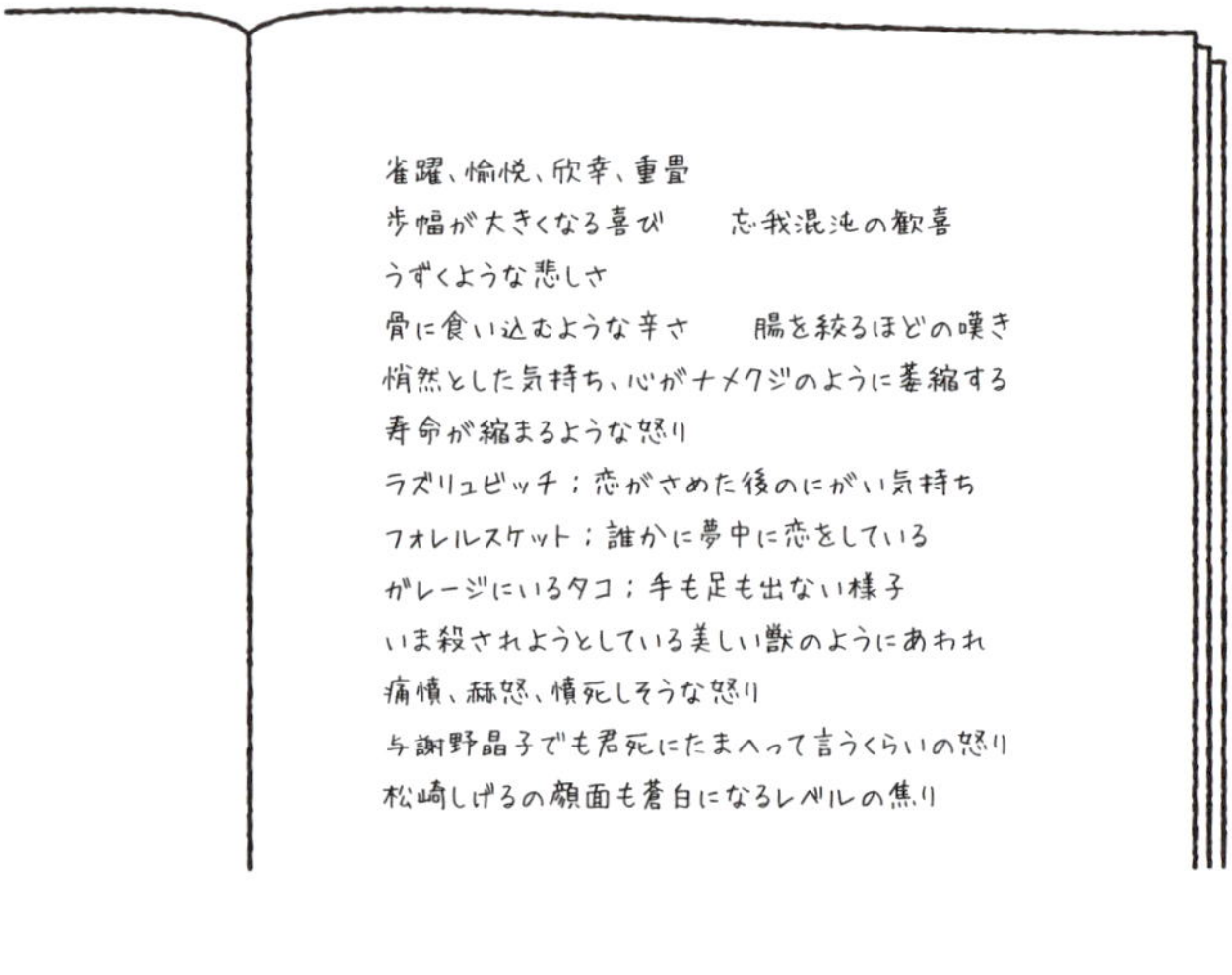

雀躍、愉悦、欣幸、重畳
歩幅が大きくなる喜び
忘我混沌の歓喜
うずくような悲しさ
骨に食い込むような辛さ
腸を絞るほどの嘆き
悄然とした気持ち、心がナメクジのように萎縮する
寿命が縮まるような怒り
ラズリュビッチ；恋がさめた後のにがい気持ち
フォレルスケット；誰かに夢中に恋をしている
ガレージにいるタコ；手も足も出ない様子
いま殺されようとしている美しい獣のようにあわれ
痛憤、赫怒、憤死しそうな怒り
与謝野晶子でも君死にたまへって言うくらいの怒り
松崎しげるの顔面も蒼白になるレベルの焦り

は「初対面なのにいい人だ」と思ったときの感情を「シンパティクシュ」と表現し、ロシア語では「百年の恋が冷めた後のほろにがい気持ち」を「ラズリュビッチ」と言い表します。このような単語も知っておくと、さらに複雑な感情の存在に意識が向くため、自分の気持ちを分解しやすくなります。

「感情表現ノート」にデータがたまったら、あなたが気に入った表現をいくつか選び、日々の暮らしで使ってみてください。そのくり返しが、あなたのメンタルを確実に強くしてくれます。

NOTE 20

# 寝る前の5分でストレスによる不眠を防ぐ
# 就寝ToDoリスト

ストレスが多い人は、一般に睡眠の質が低い傾向があります。イライラや不安を解消せずに放置したままだと、夜中になっても神経がたかぶった状態が続き、眠れなくなってしまうからです。

みなさんのなかにも、ストレスで寝つけなくなった経験をお持ちの方は多いはず。この状態が続けば体調は落ち込み、日中のパフォーマンスも下がり続けるでしょう。

この問題を解決するためにベイラー大学が考案したのが、**「就寝ToDoリスト」**という記録術です。そのやり方はとてもシンプルで、

**・寝る5分前にノートを開き、明日やるべきことをすべてリストアップする**

これだけでストレスの悪影響がやわらぎ、いつもよりグッスリと眠れるようになります。しかも、その効果は睡眠薬と同じレベルだというから驚きです。

なんともすごい話ですが、これは実験で確認された事実。ベイラー大学の実験によれば、1週間だけ「就寝ToDoリスト」を続けた学生は、眠りにつくまでのスピードが速くなり、睡眠のレベルも深くなったのです。

この効果について研究チームは、「ほとんどの人は自分の頭の中だけでToDoリストを回しているからだ」と指摘しています。

忙しい現代社会では私たちのToDoリストは日に日にふくれあがり、そのせいでプラ

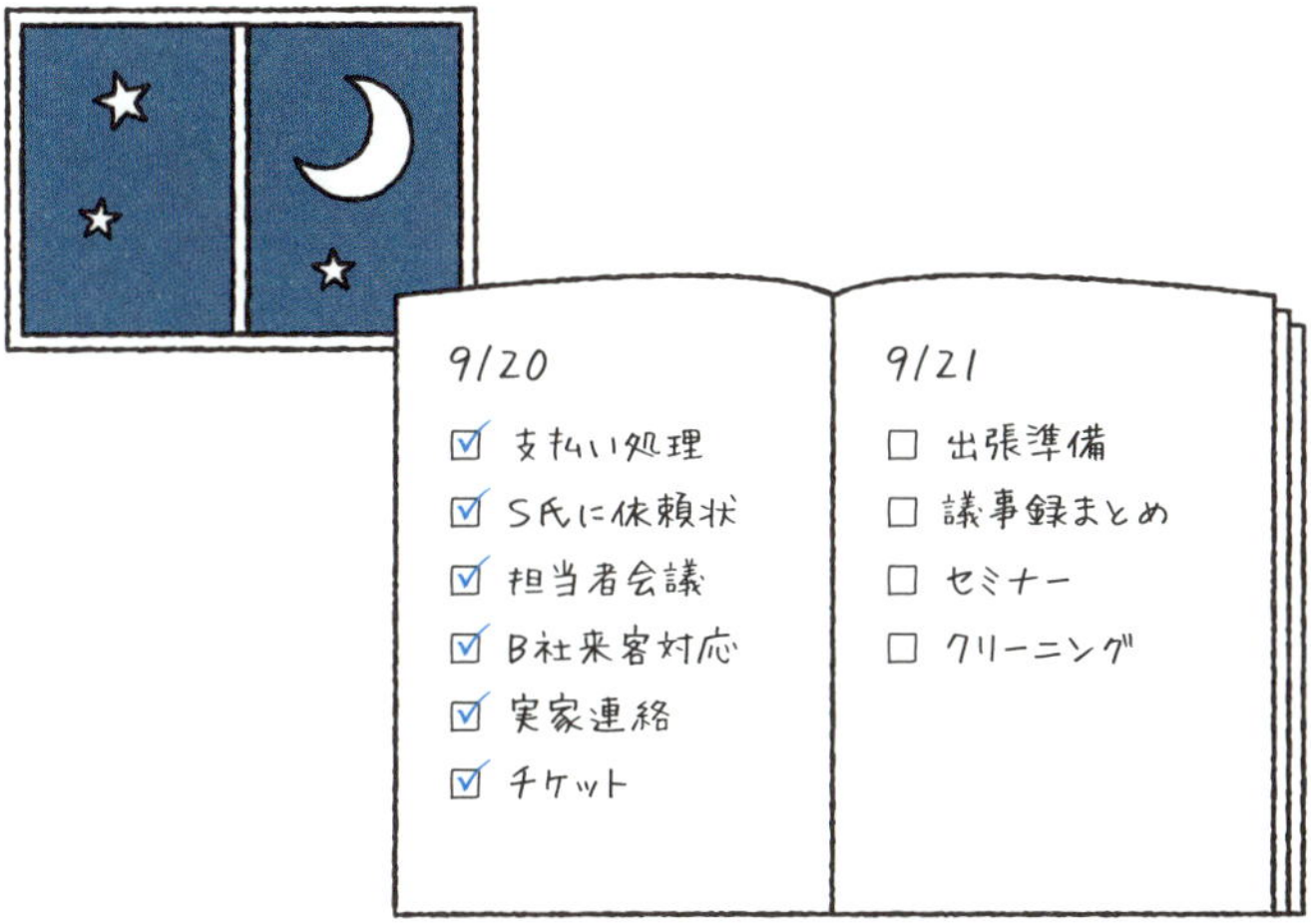

イベートでも「未消化のタスク」が頭の中をよぎり続けます。これでは心が休まるヒマがありません。

しかし、**寝る前に未消化のタスクを書き出すと、あたかも肩から重荷が降りたかのような気分になり、結果として睡眠の質が上がっていく**わけです。寝床に入ってもウダウダと起き続けてしまうような人は、手っ取り早いフィックスとして寝る前のＴｏＤｏリストを試してみてください。

NOTE 21

# ストレス性の痛みを撃退するための痛みダイアリー

ここ数年、科学の世界では「痛みの原因はストレスだ」との説が有力になってきました。頭痛、腰痛、関節痛といった原因不明の痛みが、実は心理的なストレスで発生するというのです。

もちろん、すべての痛みがストレス性の幻だと言いたいわけではありません。頭痛ならば血管の急激な拡張や神経の炎症、腰痛ならば腰椎の損傷や筋肉の緊張など、それぞれの痛みには物理的な理由が存在する可能性を否定できないでしょう。

しかし一方で、どうしても発生の理由がわからない「謎の痛み」に悩む人が多いのも確かな話。特に頭痛と腰痛はいまだに謎が多く、いくら検査をしても原因がわからないケースがよくあります。

耐えがたい痛みで病院に行ったのに、とりあえず鎮痛剤だけ出されて納得できない思いを味わったことがある方も少なくないでしょう。

そこで出てきたのが、**痛みの原因をストレスに求める発想**です。

そもそもヒトの「痛み」には、警報機のような働きがあります。急にお腹が痛くなったときは、食中毒か盲腸炎かまではわかりませんが、腹部になんらかの異常が起きたのは間違いないでしょう。「なにか異変が起きている！」と身体がサインを出しているわけです。もしヒトが何も苦痛を感じなかったら大ケガの確率が高まり、長くは生き延びられないでしょう。それだけ「痛み」は人類の生存に重要な役目を果たしてきました。

ところが、この警報システムはときどき重大なエラーを起こします。あまりにも警戒センセーが過敏になりすぎて、**ちょっとした異変でも過剰な反応を示すことがある**のです。

システムエラーが起きる原因はさまざまですが、現時点では慢性的なストレスの影響が大きいとされています。長期間にわたってメンタルが負担を感じ続けたせいで、少しの刺激にも対応できるように脳がセンサーの感度を上げてしまうようです。

いったんこの状態になると、少し重いものを持っただけで激しく腰が痛んだり、なぜだかわからないが急激な頭痛が起きたりと、あなたの脳は「痛み」の誤作動を連発します。自宅の前を人が横切っただけでも警報機が鳴り響くようなものです。

システムエラーによる問題を解決するには、**ストレスを根っこから解消する**か、**脳の再教育を行なう**かの2つしかありません。ストレスの解消法については144ページの「ストレス日記」を参照していただくとして、ここでは**脳の再教育への効果が高い「痛みダイアリー」**を紹介します。

これは認知行動療法の世界で開発された記録術で、過敏になりすぎた脳をなだめて、痛みのセンサーを適正レベルに戻す働きがあります。記録用紙の使い方を説明しましょう。

## 痛みダイアリー

| 日時 | 痛い場所 | 痛みレベル | 状況 | 原因 | 対処 |
|---|---|---|---|---|---|
| | | | | | |
| | | | | | |
| | | | | | |
| | | | | | |
| | | | | | |
| | | | | | |
| | | | | | |
| | | | | | |
| | | | | | |
| | | | | | |

**日時**　痛みが起きた日付と時間を記入します。

**痛い場所**　痛みが起きた場所を書き込みます。「腰の左下あたり」「後頭部のつむじに近いエリア」「肩甲骨の左側全体」のように**細かい場所を書いたほうが効果は高くなります**が、慣れないうちは「頭」や「腰」「ヒザ」などのザックリした表現でも構いません。

**痛みレベル**　苦痛の大きさを**10点満点**で採点してください。過去にも味わったことがない痛みなら10点、少し耐えられなくなってきたぐらいが6点、まったくの無痛なら0点です。

**状況**　その痛みが起きたときに**あなたがしていたこと**、または**周囲の状況**を書き込みます。「お皿を洗っていた」「電車がこないでイライラしていた」「会社で周囲がケンカしていた」のように、どんな状況で痛みが起きたのかを思い出してみてください。

**原因**　痛みを引き起こしたトリガーを記入します。「満員電車でイライラ」や「無礼な店員の態度に怒った」といった**メンタル系のトリガー**でもいいですし、「重いものを持ち上げた」や「運動中に転んだ」のような**身体的なトリガー**を書いても問題ありません。原因がわからないときは「不明」と書いてください。

**対処**　あなたが痛みに**どんな対策**をしたか、そしてその対策には**どれだけの効果**があったかを書き込みます。「薬を飲んだらやや楽になった」「軽くストレッチをしたが変化なし」など、対策の**内容と結果をセットで記入**してください。

痛みダイアリーがおもしろいのは、しばらく記録を続けただけでも苦しみがやわらぐところです。その期間は人によって違うものの、1カ月前後で痛みが楽になったと感じられるケースが多いようです。

この現象は、痛みを記録したおかげで自分の苦しみに一定のパターンが見えるからです。よく見るとイライラと頭痛が連動してるな……、仕事が停滞してくると腰が痛むみたいだな……。苦痛が起きやすい状況や原因が事前にわかっていれば、その状況に対して脳が備えられるでしょう。その結果、あなたの脳は落ち着きをとりもどし、センサーの異常も改善していくわけです。

完全に痛みが消えるわけではないものの、脳の誤作動によるムダな苦しみは確実に減らせます。謎の痛みにお悩みなら、ダマされたと思って試してください。

## 痛みダイアリー　記入例

| 日時 | 痛い場所 | 痛みレベル | 状況 | 原因 | 対処 |
|---|---|---|---|---|---|
| 10/11 16:00 | 腰 | 6 | オフィスで朝からずっとデスクワーク | プロジェクトの進捗の遅れでイライラ | ハーブティーを飲んだら少し楽になった気もする。 |
| 10/12 18:00 | 〃 | 5 | 外回りの日 | 歩きすぎ | 早めにゆっくりお風呂に入ったらすぐ眠れた。 |
| 10/13 19:00 | 〃 | 4 | 友人と会食 | 痛みを感じるときもあるが、気にならない時間帯が多い。 | 特に何もせず |
| 10/14 10:30 | 〃 | 3 | 終日、家で過ごす。 | 一人でいると痛みに意識が向かいがちだが、今日は楽。 | お風呂とストレッチ。横ばい。 |
| 10/15 8:00 | 〃 | 6 | 休日明けの出勤途中 | 電車混みすぎ。少し無理な体勢になった。 | 駅からタクシー。変化はないが悪化は防げたはず。 |
| 10/16 11:00 | 〃 | 4 | オフィスでデスクワーク（人まばら） | 上司が出張だと体が少し軽くなる気がする。 | 特に何もせず |

CHAPTER

08

# 無駄に悩まなくなる

NOTE 22

# 無駄な悩みを一掃する
# 自動思考キャッチシート

本書では、認知行動療法と呼ばれるメンタルケアの技法を多く紹介しています。数ある心理療法のなかではもっともエビデンスが多く、これまでも鬱や不安障害の治療に大きな効果を上げてきたからです。

**「自動思考キャッチシート」**は、そんな由緒正しい技法のなかでも、基本中の基本とされる記録術です。

「自動思考」とは、あなたの身に何らかのイベントが起きたときに、頭のなかにわきあがるイメージや思考のこと。いくつか例を挙げましょう。

・イベント「雨が降ってきた」→自動思考「あー、傘を忘れちゃったなぁ」

・イベント「お金を落とした」→自動思考「うわっ最悪！　なんてバカなんだ！」
・イベント「企画書の締め切りに間に合わなかった」→自動思考「間違いなく怒られるな……。どうやって言い訳しよう……」

このように、**特定のイベントに対して頭に浮かんだ文章やイメージは、すべて「自動思考」と呼びます。**

このタイプの思考が問題なのは、大半の人は、自分が反射的にどんなことを考えたのか（またはイメージしたのか）を覚えていないからです。自動思考はパッと浮かんですぐに消える性質を持つため、よほど強く意識しないと頭に残せません。

もちろん「傘を忘れたなぁ」ぐらいのニュートラルな思考なら問題ありませんが、「自分はダメな人間だ！」のようなネガティブ思考の場合は、あなたの内面になんとなく嫌な気持ちだけを残して頭から消えていきます。

ここで何もしないと、マイナスの印象は脳内にたまりはじめ、やがてメンタルを不調に追い込みます。普段の不摂生が少しずつ悪影響をおよぼす点で、自動思考は生活習慣病のようなものと言えるでしょう。

自動思考の害を避けるには、普段から脳の働きを意識しておくしかありません。自動思考キャッチシートは、そのために行なう記録術です。

まずは、あなたの最近の悩みをひとつ選び、次のように書き込んでください。

**環境**　「将来が不安」や「給料が減った」など、**自分にストレスをあたえた原因**を書きます。

**思考やイメージ**　「このままじゃ暮らしていけない……」や「貧困にあえいでいる自分の姿」など、頭に浮かぶ思考やイメージを書きます。

**感情や気分**　「怒り」「悲しい」「つらい」「深い」「不安」など、あなたが悩んだときにどんな感情がわくかを書きましょう。

**身体の反応**　「胸がドキドキ」「手に汗をかいた」「頭に血がのぼった」のように、あなたが悩んだときに**体に現れる生理現象**を記入します。

**行動**　「枕をなぐった」「じっと目を閉じた」「何もないフリをした」など、その悩みについて**自分がとった行動**を書きます。

慣れないうちは「思考やイメージ」をうまくとらえられないことも多いので、そんなと

## 自動思考キャッチシート

| 環境 | ストレス反応 | |
|---|---|---|
| | 〈 思考やイメージ 〉 | 〈 感情や気分 〉 |
| | 〈 身体の反応 〉 | 〈 行動 〉 |

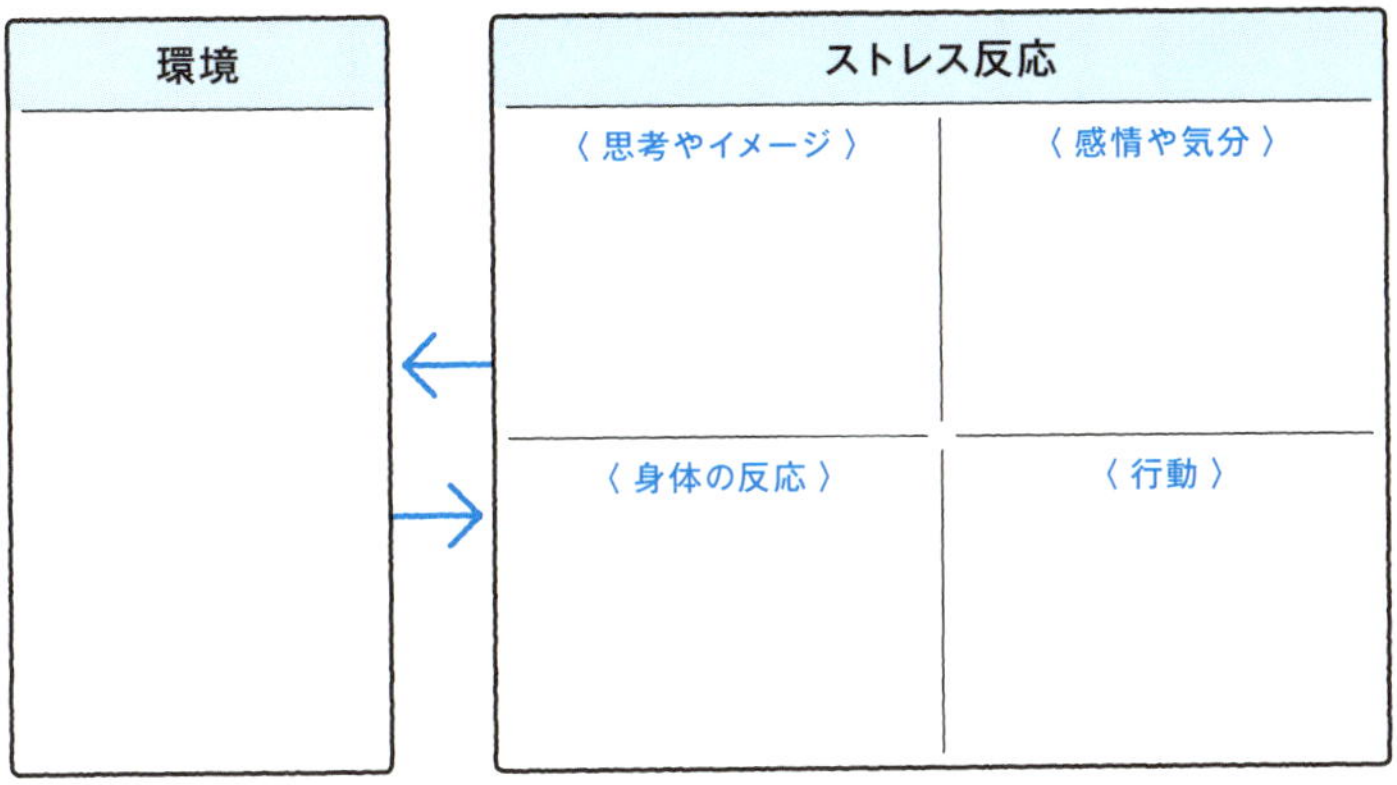

きは「身体の反応」と「行動」を記録するだけでも十分です。何度か意識していれば、ほどなく頭に浮かぶ思考を認識できるようになります。

さらに、この作業を何度も続けていくと、あなたの内面にさらなる変化が起きます。自分の反応パターンへの理解が深まったおかげで、脳が自動思考をリアルタイムで追う能力を身につけるのです。

たとえば、「上司に怒られた」という状況を考えてみましょう。もし自動思考キャッチトレーニングを積んでいないと、「なんかカムカするなぁ」ぐらいの印象で終わり、どうにかして気分をまぎらわせるしかありません。

## 自動思考キャッチシート　記入例

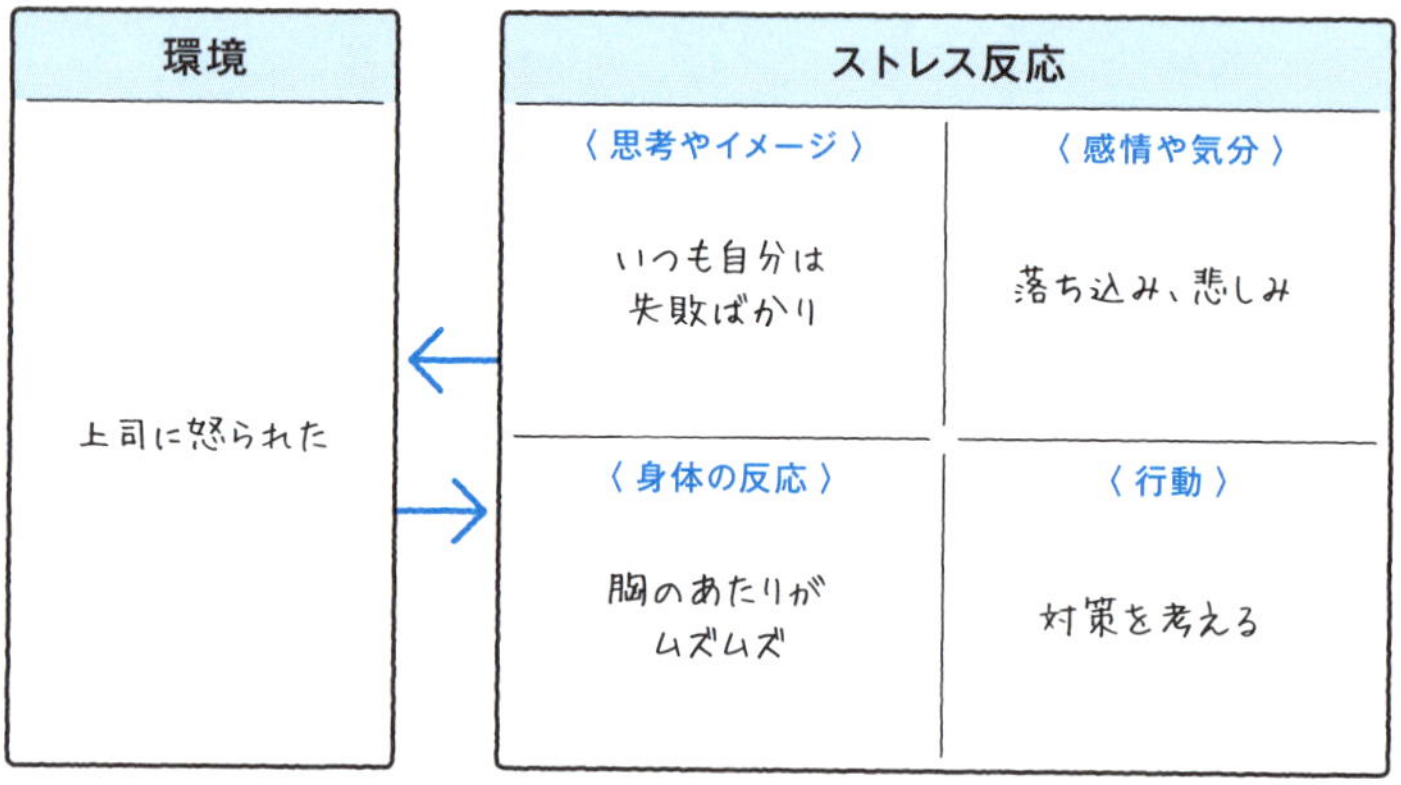
環境
上司に怒られた
ストレス反応
〈思考やイメージ〉
いつも自分は
失敗ばかり
〈感情や気分〉
落ち込み、悲しみ
〈身体の反応〉
胸のあたりが
ムズムズ
〈行動〉
対策を考える

が、トレーニングを積んだ脳は、上司に怒られた直後から、自分の思考を追跡し始めます。

「怒られたせいで、『いつも自分は失敗ばかりだ』って思考が出てきたぞ……。ついでに『落ち込み』と『悲しみ』がわいて、やっぱ胸のあたりがムズムズするなぁ……。まぁこの感覚はいつものことだから、とりあえず置いて対策を考えるか……」

この能力が育っても、決してネガティブな感覚が消えるわけではありませんが、**少なくとも感情の荒波には飲み込まれなくなります**。その分だけ嫌な感情から距離を置くことができ、冷静に考える余裕が生まれるわけです。

## 自動思考キャッチシート　簡易版

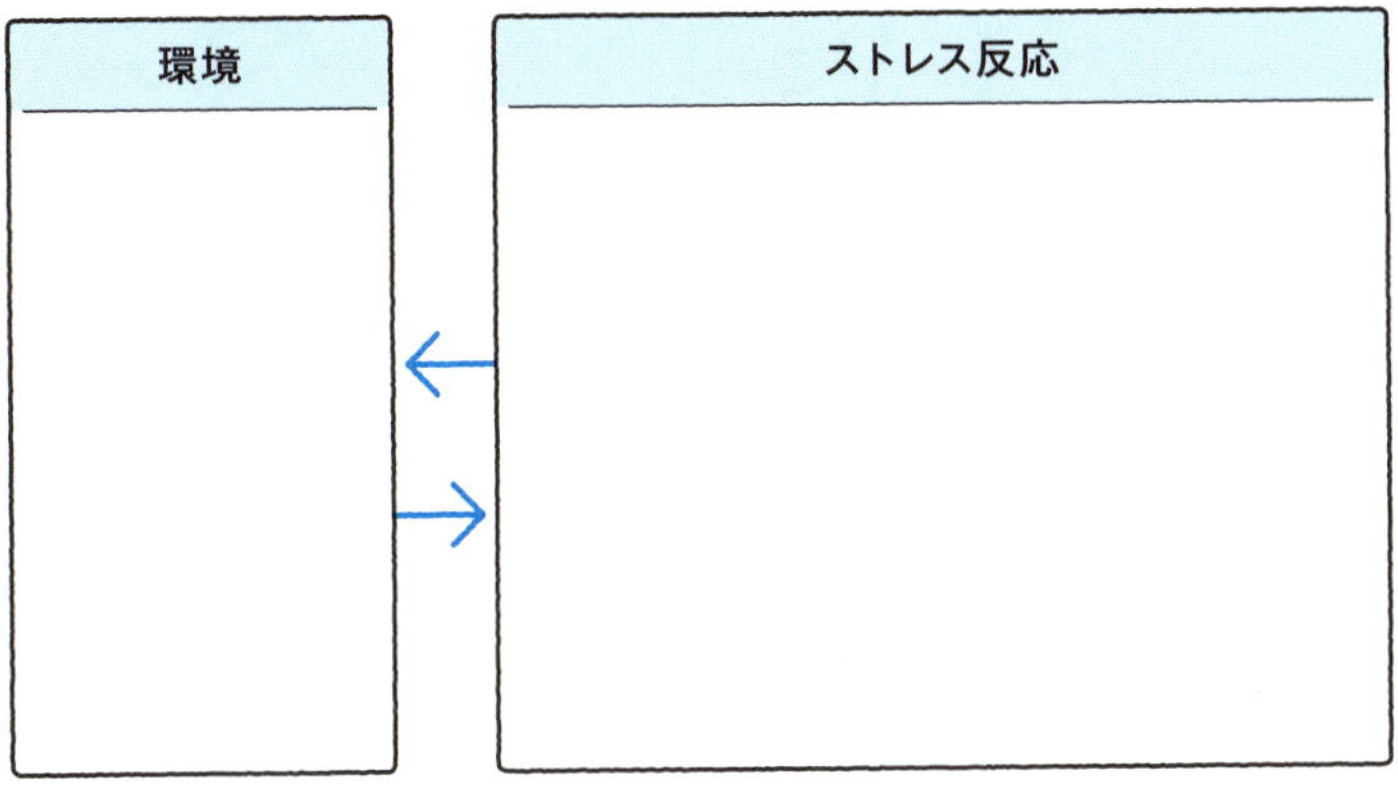


ちなみに、何度かやっても自動思考をキャッチできない方は、上のような単純化した記録用紙に切り替えてみてください。「環境」に自分の悩みを書き込んだら、自分にどんなストレス反応が起きたかを考えるだけで大丈夫です。

「上司に怒られて、何というか胸のあたりがギューッとなって汗が出た。怒られた記憶は、その夜中にも思い出して眠れなくなった」

このように、ストレスで起きた変化を文章で表現してみましょう。それだけでも、心が軽くなった気分になるはずです。

NOTE 23

# 役に立たない悩みによるストレスを防ぐ
# 非機能思考レコード

私たちが人生で体験する悩みは、大きく2つに分けられます。ひとつは**「役に立つ悩み」**で、もうひとつが**「役に立たない悩み」**です。

「役に立つ悩み」とは、客観的な事実と合理的な思考にもとづいた苦悩を意味します。たとえば「自分は他人との会話が苦手だ……」と悩んでいたとしても、それが客観的に正しい問題で、あなたがその事実を認めている限りメンタルに影響をおよぼしません。ただ「会話を上達させるにはどうすればいいのだろう?」とだけ考えて、淡々と対策を練ればいいからです。

ところが、「自分は他人との会話が苦手だ……」という悩みに、「このままだと誰からも嫌われる……」や「コミュニケーションの才能がないのだ……」といった思考が続いたらどうでしょう？

普通に考えれば「〝誰からも〟嫌われる」ような事態はまずあり得ませんし、本当に生まれつきコミュニケーションの才能がないのかどうかを正しく判断する手段も存在しません。ただの思い込みで暴走している点はどちらも同じため、そのまま悩み続けてもストレスが増えるだけです。

このような**「役に立たない悩み」**のことを、心理学では**「非機能思考」**と呼びます。人生の問題について何の役目も果たさず、ただ心の負担を増やすだけの思考のことです。何もせずに非機能的思考を放っておけば、人生は辛くなるばかりでしょう。

**「非機能思考レコード」**は、この問題を解決するために生まれた記録術です。先に紹介した「自動思考キャッチトレーニング」を発展させたテクニックで、数々の実験でメンタルの改善効果が認められています。

記録用紙には次のように書き込んでください。

## 非機能思考レコード

| | |
|---|---|
| 状況 | |
| そのときの感情 | |
| 自動思考 | |
| 思考の根拠 | |
| 思考の反証 | |
| 代理思考<br>適応思考 | |
| いまの感情 | |

**状況**　あなたが悩みを感じた場面やストレスを感じたときの状況を、くわしく記入します。

**そのときの感情**　悩みやストレスを感じたときに、どのような感情を持ったのかを書き込みます。**感情の種類はひとつだけとは限らず**、同じストレスに対して「むしゃくしゃ」「悲しみ」「焦り」などをまとめて感じるようなケースは普通にあります。ストレスを感じた場面を思い出して、そのときに**味わった感情を細かくリストアップ**してみましょう。

**自動思考**　「自動思考キャッチトレーニング」と同じように、あなたがストレスを感じたときに浮かんだ思考とイメージを書き込みます。

**思考の根拠**　あなたの頭に浮かんだ自動思考が、どれだけ事実にもとづいているかを考えて、その答えを書き込んでください。事実が検証できないような意見や主張ではなく、誰が見ても事実なことだけを書くようにしましょう。

**例**：「自分は他人との会話が苦手で、実際にパーティーなどを避けることが多い」「頭が悪いと思っていたが、テストの成績でしか判断していなかった」

**思考の反証**　あなたの頭に浮かんだ自動思考について、矛盾するような事実はないかを考え、その答えを書き込んでください。

**例**：「頭が悪いと思っていたが、テストの成績以外ではほめられることもある」「他人との会話は苦手だが、気さくに話し合える人も何人かはいる」

**代理思考／適応思考**　ここまでの根拠と反証をもとに、より客観的な事実をベースにした新しい考え方を書いてみましょう。

**例**：「頭が悪いと思っていたが、テストの成績以外ではほめられることもある。テストの結果だけで頭の良さを測っても意味がなく、勉強法の問題があるのかもしれない」

**いまの感情**　ここまでの作業を終えたことで、あなたの感情がどのように変わったかを書き込んでください。「焦りが10％減った」「怒りが20％改善」のように、パーセンテージで表記するとわかりやすいでしょう。何の変化も起きないこともありますが、その場合は「変化なし」と書けばＯＫです。

この記録は、1日のどのタイミングで行なっても構いません。自動思考が発生してからすぐに書き始めてもいいですし、寝る前に腰をすえて書き込んでみても効果は出ます。非機能思考レコードを2週間も続ければ、「役に立つ悩み」と「役に立たない悩み」が瞬時に区別できるようになるはず。いったんこの能力が身につけば、あなたはもはや非機能的な思考に苦しむことはないでしょう。

## 非機能思考レコード　記入例

| | |
|---|---|
| 状況 | ヒマになると、ついつい自分の頭の悪さが頭に浮かび、嫌な気持ちになってしまう。どんなときにこの悩みが浮かぶのかはよくわからないが、ちょっと落ち込んでいるときが多いのかもしれない。 |
| そのときの感情 | 焦り、落ち込み、悲しみ |
| 自動思考 | あー、嫌だなぁ。テストはいっつも最悪だし、このままいったらどうなるか未来が不安……。でも何をやっても意味がない気もしてやる気が出ないなぁ……。 |
| 思考の根拠 | 自分がテストが苦手なのは、数字でも示された客観的事実。とくに暗記ものの得点が低い。ただし、頭の良さにはいろいろな指標があるので、テストをどこまで重く見るべきかはよくわからない。 |
| 思考の反証 | テスト以外では、会話中の頭の回転の速さを褒められたこともある。テストの成績が良くないのは、正しい記憶術を知らないのが問題なのかもしれない。 |
| 代理思考<br>適応思考 | テストがダメだから頭が悪いとはいちがいに言えない。たまに他人から褒められることを考えれば、たんに勉強の要領が悪いだけだと解釈できるかもしれない。とりあえず、勉強法の改善をして様子を見よう。 |
| いまの感情 | 落ち込みは半減、焦りは30%減った。 |

NOTE 24

# 無駄な悩みを抱えたくないなら フィードバック分析

ハーバードロースクールのダグラス・ストーン博士は、人間の悩みが絶えない理由のひとつに「フィードバックを適切に受け止められないこと」を挙げています。耳が痛いアドバイスをすんなり受け取れなかったり、ポジティブな賞賛の言葉をただのお世辞だと考えてしまったり、相手からのフィードバックをうまく活用できない人は多いでしょう。

誰でもネガティブな言葉はうれしくないものですが、建設的な批判にまで耳をふさいでしまえば発展は望めません。逆もまたしかりで、ポジティブな賞賛を正しく受け止められないと、自分の強みを伸ばすこともできないでしょう。

どちらの反応にせよ、**感情を抑えていったんフィードバックを受け止め、その批判や賞**

**賛が正しいのかどうかを吟味するのが成長の道です。**

フィードバックをうまく活かせない人は、相手の意見に対して大きく4パターンの反応を返します。

**正当化**　ネガティブな意見は受け入れるものの、自分の過ちを正当化するか、他人のせいにするパターン。自分の責任を果たすのが嫌いな人に多い反応です。

**逃避**　フィードバックのポジティブな側面にばかり注目し、耳の痛い批判には意識を向けないパターンです。変化を嫌うタイプの人や、傾聴のスキルが低い人に多い傾向があります。

**無視**　ネガティブな意見を「あの批判は間違っているから」と決めつけ、そのまま検討を加えず聞かなかったことにするパターン。ナルシスト気質の人によく見られる反応です。

**過少**　ポジティブなフィードバックを聞いても、「口先だけだろう」や「お世辞がうまいだけだ」ととらえて、その賞賛が本物かどうかを確かめようともしないパターンです。自己効力感が低い人に多く見られます。

## フィードバック分析

| | 想定内 | 想定外 |
|---|---|---|
| ポジティブ | | |
| ネガティブ | | |

せっかくのフィードバックにこのような反応を返していては、パフォーマンスの向上はおぼつかないでしょう。そこでストーン博士が推奨するのが、**「フィードバック分析」**です。感情的なリアクションを防ぐために開発された手法で、4つのブロックに分かれた記録用紙を使います。記入の方法を見ていきましょう。

### 想定内ポジティブ

「また同じほめ方をされたな」「いつも似たとこをほめられるなぁ」のように、自分でも気づいているポジティブな側面を指摘されたら、このエリアに書き込みます。ほめられた言葉をただ記録するのではなく、次のポイントについてよく考えてください。

・この賞賛を**もっと深く味わう**ためにはどうすればいいだろうか？
・ほめられたポイントを、**人生の満足度や生産性の向上に役立てる**ためにはどうすればいいだろうか？
・ほめられたポイントを、**困った人を助ける**ために使うにはどうすればいいだろうか？

**想定内ネガティブ**

すでに自分でも気づいている欠点を上司や友人などから指摘されたら、このエリアに書き込みます。このタイプのフィードバックについては、次のポイントについて考えてみてください。

・指摘された問題を解決すべく、すでに**なんらかの対策**を取っただろうか？
・もしすでに対策を取っていた場合は、その行動には**どれぐらいの効果**があっただろうか？
・指摘された問題を解決するためには、**どのような情報**が必要だろうか？ **何を変えるべき**だろうか？
・指摘された問題になんのアクションも取らなかったら、自分の生活と仕事にどんな影響があるだろうか？

## フィードバック分析　記入例

| | 想定内 | 想定外 |
| --- | --- | --- |
| ポジティブ | 「細かいところによく気づく」とまた褒められた。すでに仕事では細かいところに気を配っているので、プライベートのお金管理に使えるかもしれない。 | 「企画力がある」と言われて驚いた。いつもウンウン考えながら企画を出しているので、逆に苦手意識があったぐらい。時間だけはかけているので、それが評価につながったのかもしれない。 |
| ネガティブ | 「時間管理が下手だ」とやっぱり指摘された。これは前から取り組んでいて、タスクリストの見直しなどをやっているが、もう少し別の技法を取り入れたほうがいい気もしている。 | 「無神経だ」と言われて正直驚いた。どちらかといえば共感力が高い気がしていたので、ちょっと友人にも何人か意見を求めてみよう。もし事実だった場合は、自分のコミュニケーションをもっと観察してみたい。 |

**想定外ポジティブ**

自分でもまったく予想しなかったポイントをほめられたら、このエリアに書き込みます。このタイプのフィードバックについては、次のポイントを考えてみてください。

・その賞賛が**予想外だった理由**はなんだろうか？

・指摘された能力やスキルのことを**考えなかった原因**はなんだろうか？

・新しく見つかった能力やスキルを**もっと伸ばすには**どうすればいいだろう？

・新しく見つかった能力やスキルで、**生活と仕事を改善する**にはどうすればいいだろう？

**想定外ネガティブ**

想像もしなかった批判を受けたときは、このエリアに書き込みます。当然ながら、もっとも感情的な問題を起こしやすいタイプのフィードバックです。

もし想定外の批判を受けたら、次のポイントについて考えてみてください。

- この批判をちゃんと理解するために、**他の情報**は必要ないだろうか？　もし必要なら、その情報はどのようなものだろうか？
- その批判が**正当かどうか**を確かめるために何ができるだろうか？　他に意見を求められる人はいないだろうか？
- この批判を使って**生活と仕事を改善**できないだろうか？
- 指摘された問題を解決するために、**短期的にどんなアクション**が取れるだろうか？

今後、なんらかの意見や批判を受けたら、このマトリクスで内容を分析してみてください。どんなに耳の痛い批判でも、飲み込めるようになるはずです。

CHAPTER

# 09

# 人間関係がラクになる

NOTE 25

## コミュ力を上げまくる

# コミュニケーション戦略プランニング

いつの世も人間関係の悩みは絶えません。「友だちが少ない」「苦手な人が多い」など悩みの種類はさまざまですが、なかでも私がよく相談を受けるのは「コミュニケーション能力が低くて……」というものです。

うまく質問ができない。相手の言葉に返せない。空気を読まない発言が多い。思ったように会話が進められず、スッキリしないままコミュニケーションが終わってしまう人は意外と多いようです。

**「コミュニケーション戦略プランニング」**は、そんな問題を解決すべくウエスタン大学のマイケル・J・ラウズ教授らが開発した記録術です。

## コミュニケーション戦略プランニング

| | |
|---|---|
| コミュニケーター戦略 | |
| オーディエンス戦略 | |
| メッセージ戦略 | |
| チャネル戦略 | |

もとはビジネスユースに開発されたテクニックで、取引先との商談をスムーズに進めたり、プレゼンやスピーチの内容を聞き手へ正確に伝えたり、テキストベースのやりとりで正しい意思の疎通を図ったりと、あらゆるコミュニケーションの場面で効果を上げてきました。

このテクニックでは、4つのコラムで構成された記録用紙を使います。自分がコミュニケーションを取りたい相手や、自分がメッセージを伝えねばならない聴衆のことを思い浮かべつつ、次のように記入してください。

## ステップ1　コミュニケーター戦略

この記入欄では、**「メッセージの送り手」としてのあなたに焦点**を当てて、以下のポイントについて考えていきます。

・**自分が伝えたいメッセージ**はなんだろうか？　なぜ自分は、そのメッセージを相手に伝えたいのだろうか？

## コミュニケーション戦略プランニング　記入例

| コミュニケーター戦略 | 1週間後に打合せをする相手は、得意先の営業さん。関係性に上下はさほどないが、まだ日が浅いため信頼を得ているとまでは言えない。新製品の機能を伝えるのが主な目的で、向こうはまったく知識がないため、かなり丁寧な説明が要求される。 |
| --- | --- |

・コミュニケーションの相手、またはオーディエンスにとって、**自分はどのような存在**だろうか？　向こうにとっては、**どのような立場の人間**だろうか？　**どれぐらいの信頼**を得ているだろうか？

・このコミュニケーションにより、自分は**どのような結果**を得たいのだろうか？

・コミュニケーションの相手、またはオーディエンスとのあいだで、自分はどれぐらい**背景的な知識**を共有しているだろうか？（伝えたい内容に関する専門知識や価値観など）　もし何も共有できていないなら、どうすれば相手はこちらのことを簡単に理解できるだろうか？

・もし自分が相手から信頼されていない場合は、**もっと信用を勝ち取る**ために何をすればいいだろうか？

| | |
|---|---|
| オーディエンス戦略 | 相手はずっと営業畑でやってきた人だと聞いている。たしか映画好きで、とくに70年代のアメリカン・ニューシネマのファンだったはず。これを雑談の導入にするか、それとも商品説明に結びつけるか……。とりあえず自分には映画の知識がないので、教えてもらうスタンスにしよう。 |

## ステップ2　オーディエンス戦略

次の記入欄には、**「メッセージの受け手」である相手やオーディエンスに焦点**を当てて、以下のポイントについて考えていきます。

・コミュニケーションの相手、またはオーディエンスについて**自分が知っていること**は何だろうか？　どのような知識を持っているだろうか？

・コミュニケーションの相手、またはオーディエンスの**モチベーションがもっとも上がりそうな情報や行動**はどのようなものだろうか？

・（複数の聴衆が相手の場合は）オーディエンスの中に、どのような**サブグループ**（会社の違う部署など）がいるだろうか？　そのサブグループは、メイングループと別の欲求を持っていないだろうか？

| | |
|---|---|
| メッセージ戦略 | 相手は気さくなキャラだから、こちらも親しげな感じで行くべきだろうか。今回は感触を探るのが目的なので、とりあえず正しい情報が伝わることを重視しよう。手持ちの資料はややフォーマルすぎるので、親しみを出せる方法を考えないと。 |

・コミュニケーションの相手、またはオーディエンスは、**こちらが提示したい話題**について何を知っているだろうか？
・コミュニケーションの相手、またはオーディエンスが、**こちらについて知っていること**は何だろうか？
・自分のコミュニケーションの相手、またはオーディエンスは**どのような人物**なのだろうか？

## ステップ3　メッセージ戦略

3番目の記入欄では、**自分が伝えたい内容そのものに焦点**を当て、具体的なメッセージの伝え方について考えていきます。以下のポイントを考えてみてください。

・メッセージの目的を達成するには、**どのようなスタイルと話し方**を使うのが良いだろうか？　親しげな態度がいいか？　それとも冷静さを強調したトーンがいいのだろうか？

・自分の**メッセージの目的**は相手の説得だろうか？　それとも楽しませることだろうか？　コンサルティングだろうか？　情報を伝えることだろうか？

・そのスタイルやトーンに対して、相手は**どんなリアクション**を取ると予想できるだろうか？

・自分が伝えたいメッセージは、**フォーマル**であるべきか？　それとも**インフォーマル**であるべきだろうか？

## ステップ4　チャネル戦略

最後のコラムでは、もっとも効果的なコミュニケーションのチャネルについて考えていきます。効率的にメッセージを伝えるには、**どんな手段やメディアを使ったほうがいいのか**を、あらためて確かめてみましょう。以下の質問に答えてみてください。

・コミュニケーションの相手、またはオーディエンスへ的確にメッセージを伝えるには、どのような手段を使うべきだろうか？　**テキスト**だろうか？　**動画や画像**だろうか？　**対面**だろうか？

| | |
|---|---|
| チャネル戦略 | 伝えるべき情報はそこまで難しくないので、現場で口頭でも十分に伝わるだろう。ただし念のために概要をまとめたものをテキストで送っておこう。 |

・コミュニケーションの相手、またはオーディエンスは、**特定のチャネルを好む文化**ではないだろうか？　このコミュニケーションは、**記録しておく必要**があるだろうか？
・特定のチャネルを使うに当たって、**コストや時間**の面で考慮することはあるだろうか？

**これらの質問をじっくり考えておけば、メール、スピーチ、対面の会話など、あらゆるタイプのコミュニケーションに正しく備えることができます。**大事なメッセージを伝えなければならない場面では、事前に戦略プランを立てるように心がけてください。

このテクニックを何度も使っていくと、やがて4つの戦略を頭のなかだけですぐ検討できるようになります。

「これから話す相手にとって自分は少し格下で、向こうもそう思っているだろうから、話し方とメッセージの出し方もフォーマルな感じにして……」

このように、コミュニケーションがうまい人たちが無意識のうちに行なっている脳の使い方が、少しずつ身についていくのです。

こうなれば、もはや予期せぬコミュニケーションにも慌てることはありません。どんな相手との対話だろうが、ＴＰＯに適した受け答えが可能になるはずです。

NOTE 26

## 他人からの邪魔をスルーできるようになる
# 妨害ログ

職場の人間関係における定番の悩みといえば、うっとうしい同僚の存在でしょう。集中して仕事をしていたら意味のないことを話しかけてきたり、延々と大声で電話をしていたり、やたらと質問ばかりしてきたり、急に別の作業を押しつけてきたり……。いったん失われた集中力はなかなか戻らないため、ひとつ邪魔が入るごとにあなたの生産性は急落します。ある調査によれば、現代では平均で53%のビジネスマンが邪魔な同僚への悩みを抱えていたのだとか。これほどムダな時間はありません。

この問題にお悩みの方に使って欲しいのが、**「妨害ログ」**という記録術です。

## 妨害ログ

| 妨害相手 | 日時 | 妨害内容 | 正当性 | 緊急性 |
|---|---|---|---|---|
| | | | | |
| | | | | |
| | | | | |
| | | | | |
| | | | | |
| | | | | |
| | | | | |
| | | | | |
| | | | | |
| | | | | |
| | | | | |
| | | | | |
| | | | | |
| | | | | |
| | | | | |
| | | | | |
| | | | | |
| | | | | |

この記録用紙は、仕事の邪魔をしてきた人物やイベントを記録し、妨害の傾向を分析するために開発されました。いつ、誰に、どのように邪魔をされ、そこには正当な理由があったのかを書き残していくのです。

「他人の邪魔なんて記録しても無意味では？」と思われるかもしれませんが、**日ごろ自分がどのようなタイミングで邪魔を受けているのか**を知らなければ、対策の立てようがないでしょう。いつも週末になると追加で作業を振ってくる上司、終業時間が近づくにつれて雑談が増える先輩など、ひとくちに「邪魔」といっても、一定の傾向があるケースは少なくありません。

妨害ログは、次の要領で使ってください。

### ステップ1　最低1週間はログをつける

妨害ログに記録すべき内容はシンプルです。

**妨害相手**　作業を邪魔してきた相手を記入します。

**日時**　邪魔をされた日時を書いてください。

**妨害内容**　「急に話しかけられた」「ムダな質問をされた」のように、邪魔の内容を記入します。

**正当性**　その邪魔が「どれぐらい**仕事や生産性に役立つものだったか？**」を10点満点で採点します。意味がある妨害なら10点、完全に時間の無駄だったなら0点です。

**緊急性**　その邪魔が「どれぐらい**緊急を要する内容だったか？**」を10点満点で採点して「緊急性」の欄に記録してください。こちらは、すぐに対処が必要な内容なら10点、まったく急ぐ必要がなかったなら0点です。

この作業は最低でも1週間は続けてみてください。めんどうなら週に1回だけ、記憶に残ったものをまとめて書き込んでも構いません。

妨害ログ　記入例

| 妨害相手 | 日時 | 妨害内容 | 正当性 | 緊急性 |
|---|---|---|---|---|
| E | 7/1 11:30 | 昼前から食事に誘われる | 2 | 1 |
| T | 13:30 | 経費に関する質問 | 8 | 2 |
| K | 15:30 | 電話対応の代行を頼まれる | 1 | 9 |
| F | 15:50 | 仕事のヘルプ | 9 | 9 |
| I | 16:20 | ブツブツ独り言 | 2 | 2 |
| E | 16:40 | 無駄話 | 1 | 1 |
| | | | | |

## ステップ2　妨害ログを分析する

記録をつけたら、次は分析です。

まずは「もっとも頻繁に発生する邪魔はなんだろうか？」「この妨害には予防策がないだろうか？」と考えながら妨害ログをチェック。どのタイミングで誰から妨害が入りがちなのかを確認してみましょう。

いったん妨害の傾向が把握できたら、あとは**正当性と緊急性が高いものだけに対応していく**ように心がけるだけ。もちろん正当でも緊急でもない妨害には、事前に対策をとっておいてください。

もちろん、すべてのジャマが似たようなタイミングで発生するわけではありませんが、その場合でも、妨害の内容を**「正当性」**と**「緊急性」**の観点から見直す作業には意味があります。

この2つの方向からものごとを見つめる視点が育てば、どんな妨害が起きても「これはちゃんと正当性があるから対応すべきだが、緊急ではないから後回しにさせてもらう」や「緊急性も正当性もないからハッキリと迷惑だと言おう」といった**合理的な発想をしやすくなる**からです。なんの判断基準もない状態で「また邪魔が入ったな……」とフラストレーションを募らせるよりは、よほど健全な対応でしょう。

職場のイライラにお悩みの方は、まずログを取るところから始めてください。

NOTE 27

# 怒りに振り回されたくないなら
# アンガーログ

アンガーマネジメントという言葉も、だいぶ一般化してきました。どうにもならない怒りの感情を、適切にコントロールする心理療法のことです。

なかには正当な怒りもありますが、多くの場合、この感情はネガティブな結果をもたらします。いつもイライラしていたら仕事ははかどらず、プライベートでも友人からうとまれてしまうのが当然でしょう。

アンガーマネジメントで使われるテクニックは多彩で、正しいリラックス法を学んだり、対人スキルのトレーニングを行なったりとあらゆる方法が用いられますが、なかでも基本なのが**「アンガーログ」**です。簡単に言えば「怒りを記録した日記」のことで、あなたの感情が爆発しやすいパターンを理解する効果を持ちます。

## アンガーログ

| 日付 | 怒りの原因 | 反応 | 反応の判断 |
|---|---|---|---|
| | | | |
| | | | |
| | | | |
| | | | |
| | | | |
| | | | |
| | | | |
| | | | |
| | | | |
| | | | |
| | | | |
| | | | |
| | | | |
| | | | |
| | | | |

ここまで何度も繰り返してきたように、ネガティブな感情に立ち向かうには、まずは**客観的な把握**がはじめの一歩です。特に「怒り」は激しい感情で理性を飲み込みやすいため、より多くの客観性が必要になります。

アンガーログは、次のステップで使ってください。

## ステップ1　「怒り」が問題を起こしている事実を認める

初めに、**あなたの抱く怒りの感情が、仕事やプライベートで問題を起こしている事実を認めてください。**

とても当たり前のことを言っているようですが、実際のところ、「怒り」に悩む人の多くは自分の感情が問題を起こしている事実を認めようとしません。「私はイライラしやすい人間だ」とは認めていても、心のどこかで「正しい場面でしか怒っていない」と思っているケースが多いのです。

まずは「怒りのせいで自分がどれぐらい嫌われているか？」「他人に迷惑をかけたことがあるか？」「自責の念に駆られたことはなかったか？」といったポイントに想いをめぐらせ、怒りの感情が問題を起こしている事実を確かめてみましょう。

## ステップ2 「怒り」を記録する

アンガーログには、4つのデータだけ記録すればOK。それぞれのコラムに以下のポイントを書き込んでください。

**日付** 怒りを感じた日付を書いてください。

**怒りの原因** あなたを怒らせた人物やイベントを記入します。「会議が長引いた」や「仕事の邪魔された」など、**怒りのトリガーを端的に**書いてください。

**反応** 怒りの感情に対して、あなたが**どんなリアクションを取ったか**を記入します。「怒鳴り散らした」「黙り込んだ」のように、**自分が取った行動**を記しましょう。

**反応の判断** その怒りと行動が、後から振り返って正しいものだったかを記入します。「部下の失敗に怒りを抱くのは正しいが、人前で怒鳴り散らしたのは間違いだった」など、**自分の正当性**を考えてみましょう。

## ステップ3 「怒り」に介入する

アンガーログをつけると、ほどなくあなたは自分の**「怒りのツボ」**がわかり始め、激し

## アンガーログ　記入例

| 日付 | 怒りの原因 | 反応 | 反応の判断 |
|---|---|---|---|
| 6/6 | 打ち合わせに遅刻された | 小言をブツブツ | 怒ったのは正しいが、小言が長すぎた |
| 6/6 | 行動しない自分にイライラ | イライラしながらもネットを見る | どちらも正しくない |
| 6/7 | 会社でネットを見てて怒られる | ただむくれる | 怒られたのは当然だし、むくれても意味がなかった |
| 6/7 | 家族の風呂が長い | グッと飲み込む | さすがに2時間は入りすぎな気がする |
| 6/8 | 飲み会をドタキャンされた | 激怒のLINEを連発 | 怒ったのは正しいが、相手に悪い印象を与えた |
| 6/9 | 深夜に隣人が大騒ぎ | 壁を叩いた | 正当な怒りだと思う |
| 6/9 | 後輩に話をしてたら、よそ見を始めた | 「おい!」とだけ叫ぶ | 正当な怒りと対応だと思う |
| 6/10 | 上司にバカにされた | 引きつった笑顔で「やめてよ」と指摘 | 悪くない対応 |
| 6/10 | スーパーの列で横入りされた | 咳払い | なんか言ってやればよかった |
| 6/11 | 怒られている子どもを見かけた | とりあえず怒っている両親をにらむ | 怒りは当然だが、もうちょい何かできた気もする |
| 6/12 | 子どもがうるさい | 怒鳴る | さすがに声を荒げすぎた |
| | | | |
| | | | |
| | | | |
| | | | |

い感情に対処しやすくなっていくでしょう。「あー、自分は仕事の能力をバカにされると激怒するんだな」や「不公平な扱いを受けると激昂しやすいんだな」のように、怒りのトリガーが把握できたおかげで心に余裕が生まれ、脊髄反射のリアクションをしなくてすむからです。

そのあとは、次に同じトリガーが発生したら意識して怒りの感情をコントロールしてみましょう。「深呼吸をする」「20まで数を数えてみる」「とりあえずトイレに逃げ込む」など、あなたがやりやすい対処法をひとつ選んで、何度も怒りの感情に介入してください。このトレーニングを何度も行なううち、やがて怒りに巻き込まれなくなるはずです。

CHAPTER

10

# 問題解決力をつける

NOTE
28

# 問題グリッド

## 一歩引いて冷静になりたいなら

人間関係や金銭問題など人生にはトラブルがつきものですが、どんな悩みを解決するときにも必ず押さえておかねばならない原則があります。それは、**「他人の視点から対策を考える」**ことです。

客観的な視点の大事さは、ここまで本書でもさんざん強調してきたとおり。自分だけの立場からトラブルについて考えていると、どうしても凝り固まったアイデアしか浮かばないものです。

が、いくら「客観的に考えましょう」と言われても、日々の問題に活用できる人はそういません。人間の脳は自分だけのフィルターを通してものごとを見るのに慣れきっており、そう簡単には視点を切り替えられないからです。

## 問題グリッド

| | ゴール | 仮説 | 予測 |
|---|---|---|---|
| 自分 | | | |
| 知人 | | | |
| 他人 | | | |

**「問題グリッド」**は、そんな脳の視点切り替え機能をスムーズに起動させるために作られた記録術です。ビジネスのみならず心理療法の世界でも採用され、適切な判断が苦手な人の解決力アップに役立っています。

記録用紙は9つのグリッドで構成されており、それぞれ次のような視点で書き込んでください。

**自分×ゴール**　自分の視点から見た**「いまの問題の落としどころ」**を記入します。「理想的なゴールはどのような状態か？」「どのような決着を目指したいか？」などのポイントを、あなた自身の視点から考えてください。

**自分×仮説**　自分の視点から見た**「最適な問題の解決策」**を記入します。問題を解決するにはどのような手法や作戦が考えられるかを、あなた自身の視点から考えてください。

**自分×予測**　自分の視点から見て**「解決策を実行したら、どのようなことが起きそうか？」**を考えて記入します。さきほど考えた手法や作戦を実践した後に得られそうな結果を、あなた自身の視点から考えてください。

**知人×ゴール**　知人の視点から見た「いまの問題の落としどころ」を記入します。「理想的なゴールはどのような状態か？」というポイントについて、「自分の親友やパートナーは、どんなアドバイスをしてくれるだろうか？」と考えてみてください。

**知人×仮説**　知人の視点から見た「最適な問題の解決策」を記入します。先の「知人×ゴール」に記入したゴールについて、「自分の親友やパートナーは、どうアドバイスするだろうか？」と考えてみてください。

**知人×予測**　知人の視点から見て「解決策を実行したら、どのようなことが起きそうか？」

## 問題グリッド　記入例

| | ゴール | 仮説 | 予測 |
|---|---|---|---|
| 自分 | 副業で稼いで、最終的には独立する。 | ブログが好調だから、もっと使いやすいHPを作る。 | HPが良くなれば既存ファン以外もひきつけられるだろう。 |
| 知人 | 副業の売上を伸ばすのはいいが、もう少し本業で信頼を得てリスクを管理したほうがいい。 | 思っているほど時間に余裕がないから、HP改善より既存ファンを大事にしたほうがよい。 | 時間に余裕ができるし、とりあえず既存ファンは離れないからリスクヘッジになるだろう。 |
| 他人 | 副業の顧客はすでにそれなりにいるのだから、ブランディング以外で売上を拡大する。 | シンプルに今の商品単価を変えたほうが売上は拡大するはず。 | すでに顧客ロイヤルティは高いから、単価を上げても客は離れずに売上が上がるだろう。 |

を考えて記入します。

**他人×ゴール**　他人の視点から見た「いまの問題の落としどころ」を記入します。「完全な部外者や見知らぬ人が自分の問題を見たら、どうアドバイスするだろうか？」と考えてみてください。

**他人×仮説**　他人の視点から見た「問題の解決策」を記入します。先の「他人×ゴール」に記入したゴールについて、「完全な部外者や見知らぬ人は、どんな対策を立てるだろうか？」と考えてみてください。

**他人×予測**　他人の視点から見て「解決策を実行したら、どのようなことが起きそうか？」を考えて記入します。

重大な問題や目標を乗り越えねばならない場面では、ぜひこの記録術を使ってください。何度も書き込むうちにあなたの中に複数の視点が育ち、あらゆる問題を複数の角度から検討できるようになります。

NOTE 29

# RCA

## メンタルからビジネスまで問題を根本から解決したいなら

どんな問題も、おおもとの原因を把握しないと根本治療はできません。頭痛に痛み止めを使えば一時的に楽にはなるものの、痛みの原因が筋肉の緊張にあるのか、それとも頭蓋に出血が起きているのかを確かめなければ、結局は同じ悩みが続くでしょう。

ここで紹介する**「RCA（Root Cause Analysis）」**は、問題が起きた原因を深掘りし、悩みを根っこから解決するために生まれた記録術です。もとはエンジニアリングの世界で生まれたものですが、ほどなく応用範囲の広さが認められ、いまでは健康管理やメンタルケアの分野でも使われています。

RCAでは、トラブル解決のステップを大きく**「問題の定義」「原因の分析」「解決策の考案」**の3つに分けて問題を解体していきます。

## RCA

| | | | | |
|---|---|---|---|---|
| 問題の定義 | 詳細 | | | |
| | ソース | | | |
| | 重大性 | レベル | | |
| | | 根拠 | | |
| 原因の分析 | 詳細 | | | |
| | 可能性 | | | |
| | 情報 | | | |
| 解決策の考察 | 詳細 | | | |
| | リスク | 詳細 | | |
| | | 可能性 | | |
| | | 管理 | | |
| | 評価法 | テスト | | |
| | | 結果 | | |

## RCA 記入例

| | | | | |
|---|---|---|---|---|
| 問題の定義 | 詳細 | | クライアントが締め切りを守らない。 | マネジャーと気が合わなくてフラストレーションが溜まる。 |
| | ソース | | クライアント | マネジャー |
| | 重大性 | レベル | 普通 | 高い |
| | | 根拠 | そこまで進行には影響を与えないが、リソースのムダが発生する。 | マネジャーのせいでつねにイライラ状態なので、激しく生産性が落ち込んでいる。 |

右がRCAの記録用紙で、問題ごとに上から下へと記入していきます。

ここからは「クライアントが締め切りを守らない」「マネジャーと気が合わなくてフラストレーションが溜まる」という2つの問題を例に、ステップごとに書き込み方を見ていきましょう。

**ステップ1　問題の定義**

**詳細**　目の前の問題がどのようなものかを記入します。

**ソース**　問題の発生源を記入します。

**重大性**　問題がどれぐらい重要かを判断します。**「レベル」**には、問題の重要度を「高い」「普通」「低い」の3段階で採点。**「根拠」**には、その採点をつけた理由を書き込みます。

| 原因の分析 | | | |
|---|---|---|---|
| | 詳細 | プロジェクトの管理者に、適切な情報が伝わっていない可能性がある。 | マネジャーと価値観が違う。向こうは、できるだけ楽をしたいという考えで動いている。 |
| | 可能性 | 普通 | 高い |
| | 情報 | プロジェクト管理者に確認を取る。 | マネジャーの上司にも判断を仰いでみる。 |

## ステップ2　原因の分析

**詳細**　「問題が起きている原因はなんだろう？」と考え、その答えを記入します。ここで書き込む内容が本当の原因と限りませんが、とりあえず現時点では仮説しか立てようがないので、あなたが「もっとも可能性が高いだろう」と思うものを書いてください。

**可能性**　あなたの立てた仮説がどれだけ正しそうかを考えて、可能性が「高い」「普通」「低い」の3段階で採点します。

**情報**　あなたの仮説がどこまで正しいのかを確かめる方法を考えて記入します。

## ステップ3　解決策の考案

**詳細**　その問題を解決できそうな対策を考え、もっとも使えそうなものをひとつだけ記入します。

| | | | | |
|---|---|---|---|---|
| 解決策の考察 | 詳細 | | 管理者に伝える情報をもっとシンプルにし、スピーディーにレポートが進むように計らう。 | 上司に直訴して配置換えしてもらう。 |
| | リスク | 詳細 | クライアントにレポートの情報が薄いと思われるかもしれない。 | マネジャーに恨まれるかもしれない。 |
| | | 可能性 | 普通 | 普通 |
| | | 管理 | あらかじめクライアントに情報密度について了解を取っておく。 | マネジャーの上司がどのような反応を示しそうか、事前に周辺の人にあたりをつけておく。 |
| | 評価法 | テスト | 3カ月ほど続けてみたあと、クライアントと再チェックを行なう。 | 実際に配置換えがあるか、または上司が何らかの配慮をしてくれるかを待つ。 |
| | | 結果 | 締め切りを破られることはなくなったが、効率よく情報を伝達する方法については一考の余地あり。 | 目立った変化はないが、マネジャーの物腰はやわらかくなった気がする。 |

**リスク**　さきほど記入した対策を実行した場合に、どのようなリスクやマイナス面がありそうかを考えていきます。それぞれの項目は、以下のように記入してください。

**「詳細」**には、思いついたリスクやマイナス面を書きます。**「可能性」**には、リスクやマイナス面が実際に発生する可能性を「高い」「普通」「低い」の3段階で採点します。**「管理」**には、そのリスクを防ぐために、できそうなことを考えて記入します。

**評価法**　解決策を実践した場合に、その成功をどのように判断するべきかを考えていきましょう。**「テスト」**には、解決策の成功レベルを判断できそうな方法を書き込みます。**「結果」**には、解決策を実行して、問題がどこまで解決したかを記入します。

もちろん、ＲＣＡを行なったからといって確実に問題が解決するわけではありませんが、この手順に従えば少なくとも仮説と検証は進むでしょう。もし思いついた解決策が実を結ばなかったとしても、ひとつの仮説をチェックしたという事実には、それだけで十分な価値があります。**いかなる問題も、絶え間なく仮説と検証をくり返すしか解決にいたる道はない**からです。

# NOTE 30
# これからの人生に迷ったら
# ライフキャリア・ホイール

長い人生では、ライフステージがいくどとなく切り替わります。10~20代で仕事の経験値を積み、30~40代からはコミュニティでそれなりの地位につき、60代までに人生の土台を完全に固める……。

年齢を重ねれば人生の送り方も変わり続け、その過程ではどうしても将来の自分に悩むことも出てきます。果たして、いまの自分は良い人生を歩めているのだろうか？　ワークライフバランスは正しいのだろうか？　そんな悩みです。

もとより個々人のキャリアに正解などありませんが、いまの人生にふと疑問がよぎったら、**「ライフキャリア・ホイール」**を試してみてください。キャリア論で有名なドナルド・

スーパー博士のライフキャリア・レインボーという概念をベースに、後年の心理学者が何度も改訂して精度を高めてきた定番の技法です。

その目的は、人生のライフステージごとに最適なワークライフバランスを探すこと。左のように、3つの円が並ぶ記録用紙を使います。具体的な記入法をお伝えする前に、まずはライフキャリア・ホイールで使う**「人生における8つの役割」**を押さえておきましょう。

スーパー博士は、多くの人が人生で果たす役割を8つに分けました。

1. **子ども**……親と過ごしているときの自分
2. **学生**……誰かから何かを学んでいるときの自分
3. **余暇人**……仕事を離れて、単に趣味や余暇に時間を使う自分
4. **市民**……地域のコミュニティやボランティアなど、世の役に立つ活動に従事する自分
5. **職業人**……働いてお金を稼いでいるときの自分
6. **親**……子育てにエネルギーと時間を注ぐ自分
7. **配偶者**……親密なパートナーと時間を楽しむ自分
8. **ホームメーカー（HM）**……家事、買い物、掃除など、プライベートを維持するため

### ライフキャリア・ホイール

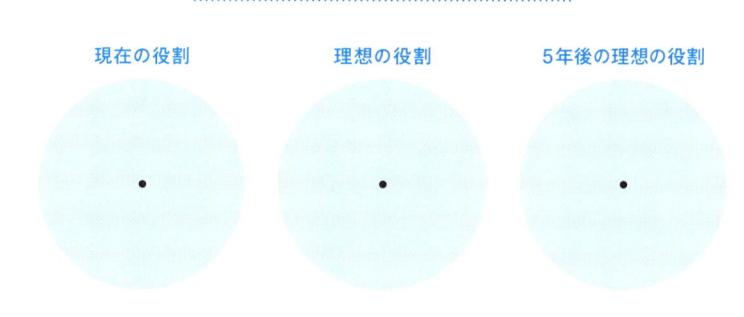

に時間を割く自分

ライフキャリア・ホイールでは、これら8つの役割をあなたがどのように果たしているかを確認していきます。以下のステップで記録用紙に書き込んでください。

**ステップ1　現在の役割**

「いまの暮らしで、自分はどんな役割を果たしているだろう？」と考えて、パイチャートを切り分けてください。あなたが現時点で時間とエネルギーを注ぎ込んでいる役割ほど、チャートで占める割合は大きくなります。

**ステップ2　理想の役割**

「もし自分が〝最高の人生〟を送っていたら、人生の役割はどのような配分になるだろう？」と考えて、パイチャートを切り分けてください。ビジネスマンとしてバリバリ働くのが理想なら職業人のパイが大きくなるし、もっと家庭を大事にしたいなら配偶者や親のパイが大きくなります。

もちろん、すべての役割を果たす必要はなく、興味がないものは記入しなくても構いません。もし何も浮かばなければ、30ページの「ACTバリュートレーニング」を参考に、自分の価値観と照らし合わせながら考えてみてください。

### ステップ3　5年後の理想の役割

「いまから5年後に自分の人生はどうなっているだろう？」と考えて、ここまでと同じように、理想の未来をパイチャートに書き込んでください。

### ステップ4　考察

最後に、すべてのパイチャートを見比べながら、「理想の役割を手にするために、いまの自分には何が足りないのだろう？」「なぜいま理想の役割を果たせていないのだろう？」と考えてください。

## ライフキャリア・ホイール　記入例

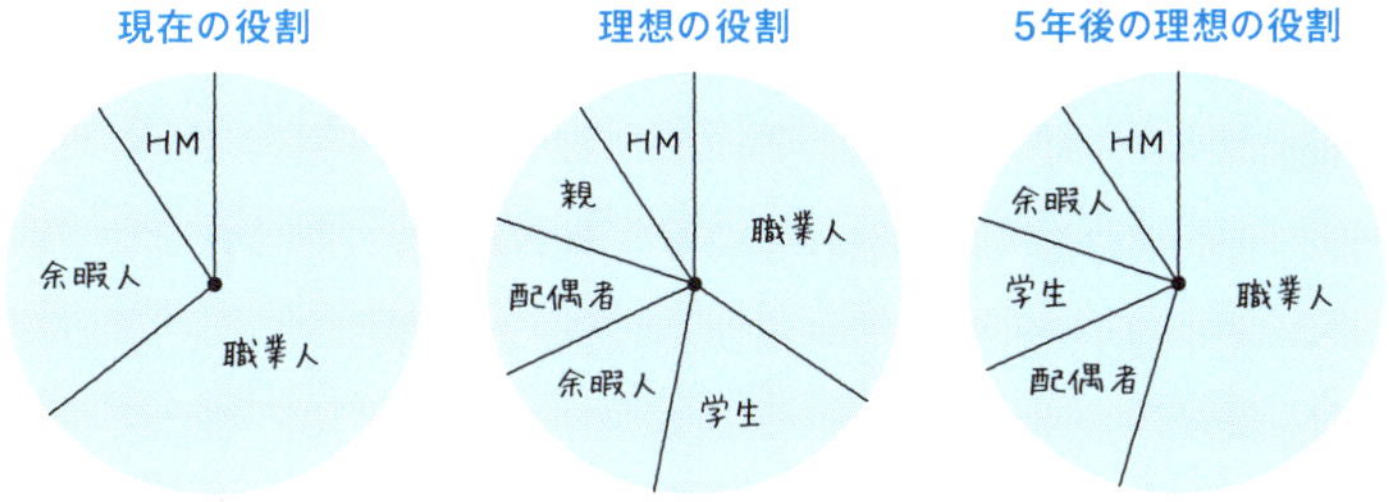


時間がないのか？　悪癖がジャマしているのか？　それとも、明確なゴールがなくてモチベーションが上がらないだけなのか？

とにかくなんらかの障害が見つかったら、２１０ページの「問題グリッド」や「ＲＣＡ」（２１５ページ）で具体的な対策を考えて、その後は「クイック・ウィン分析」（50ページ）などで実行に移しましょう。この地道な作業の反復が、確実に人生を良い方向に導いてくれるはずです。

CHAPTER

# 11

# 試練を乗り越える力をつける

NOTE
31

# 逆境を乗り越えたいなら ABC法

「ABC法」は、論理療法の生みの親であるアルバート・エリスが開発した記録術です。その後、ポジティブ心理学の大家として有名なマーティン・セリグマンなどが改訂を加え、いまでは多くの心理療法で使われています。

このテクニックのゴールは、逆境を乗り越えて前に進むこと。ネガティブな出来事のせいで心が萎縮し、身動きが取れなくなってしまうのを防ぐための記録術です。「ABC」は以下の頭文字を取ったものです。

- **A＝逆境（Adversity）**
- **B＝信念（Beliefs）**

### ・C＝結果（Consequences）

エリス博士は、多くの人が逆境で苦しむのは、ネガティブな出来事（逆境）に対する個人の考え方が思い込み（信念）を生み、その思考によって自分の行動（結果）が左右されると考えました。具体例を見てみましょう。

**逆境：**同僚がみんなの前でアイデアを批判した。
←
**信念：**あの批判は正しい。自分には創造力がないのだ。チームメンバーもそう思っただろう。
←
**結果：**自分がバカのように感じられて、残りの会議ではダンマリ。他の会議でも発言を控えた。

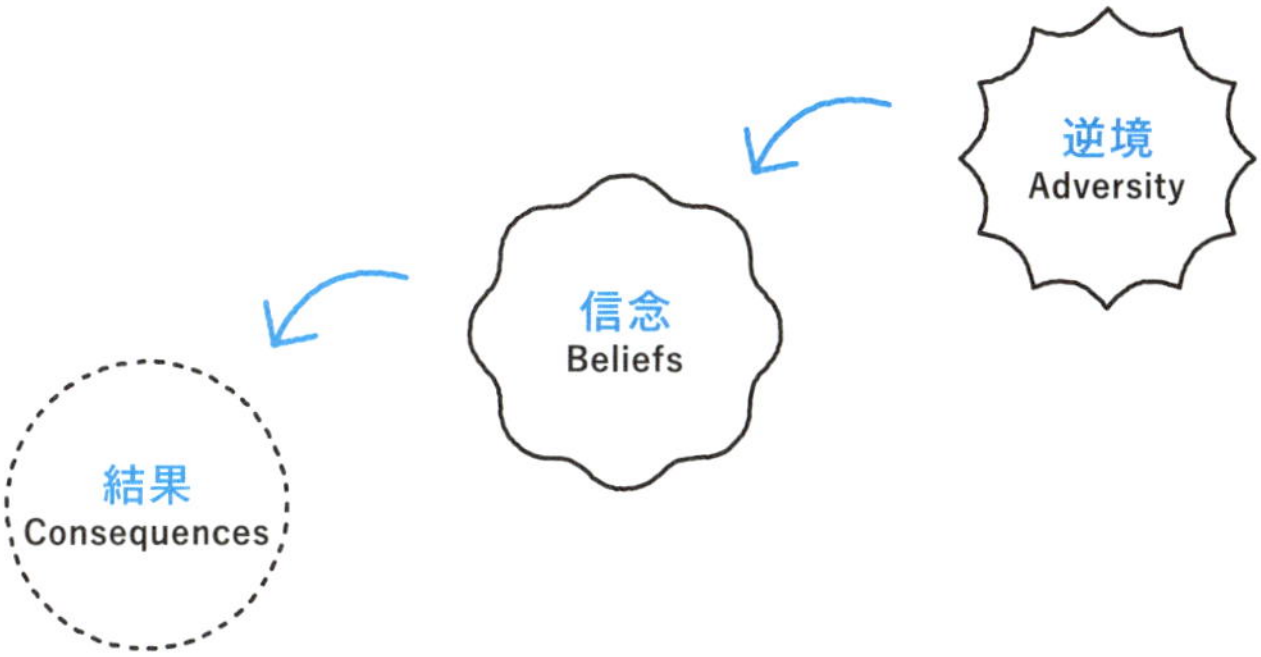

**逆境：**ひどい事故のニュースを見た。
↓
**信念：**いまの日本は悪いことばかりだ。世の中は怖いところだ。
↓
**結果：**なんだか外に出るのが恐ろしくなり、家でダラダラしていた。

このように、逆境のせいで特定の信念が起動し、そのせいで最終的にポジティブな行動ができなくなってしまうわけです。エリス博士は、このネガティブな信念のことを**「説明スタイル」**と呼び、特に悪い結果を招きやすいパターンを3つに分けました。

**１．永久スタイル**

逆境に見舞われたときに、**「この試練は永遠に続くのだ」**と反射的に考えてしまう説明スタイルです。いっぽうで楽観的な人は、**「悪い出来事は一時的なものだ」**と考える傾向があります。

## 2. 普遍スタイル

逆境に見舞われたときに、**「他にも同じような悪いことばかりが起きるだろう」**と考えてしまう説明スタイルです。いっぽうで楽観的な人は、**「今回の出来事は最悪だったが、それだけだ」**と考えます。

## 3. 個人化スタイル

逆境に見舞われたときに、**「この問題は自分のせいで起きたのだ」**と考えてしまう説明スタイルです。いっぽうで楽観的な人は、**「この問題はさまざまな要因がからみ合って起きたのだ」**と考える傾向があります。

ABC法では、無意識のうちに発動する「説明スタイル」を把握し、逆境に対して必要以上にメンタルを落ち込ませないように仕向けていきます。記録用紙に、次の要素を書き込んでいきましょう。

## ABC法

| 日時 | 逆境 | 信念 | 結果 |
|---|---|---|---|
| | | | |
| | | | |

**日時**　逆境を味わった日時を記入します。

**逆境**　自分の身に起きたトラブルや試練の内容を詳しく書き込みます。

**信念**　その逆境に対して、どのように思ったのかを書き込みます。

**結果**　その逆境に対して、自分にどのような変化が起きたかを記入します。

ABC法は、**最初のうちは記録だけに集中し、積極的に内容を分析しなくても構いません**。ひとまず2〜3週間ほど書き込みを続けてデータをため、それから自分の「説明スタイル」を分析しましょう。

まずは「信念」に書き込んだ内容をチェックしつつ、その内容が、さきほど説明した3

## ABC法　記入例

| 日時 | 逆境 | 信念 | 結果 |
|---|---|---|---|
| 3/25 16:30 | 内容や期限を確認せず作業を進めていたら、聞き間違いのあったことがわかった。 | こんな初歩的なミスをするなんて社会人として失格だ。 | 気持ちが落ち込んでさらに作業が進まなくなった。 |
| 3/29 20:00 | 帰ろうとした瞬間に仕事を頼まれて、つい癇癪を起こしてしまった。 | 自分はダメな人間だと思われたに違いない。 | 結局仕事は引き受けたが、必要以上に時間がかかった。 |

パターンのどれに当てはまるかを考えてみてください。たとえば、「自分には創造力がない」という信念なら永久スタイルですし、「いまの日本は悪いことばかり」なら普遍スタイルになります。

ABC法が素晴らしいのは、**何度か分析を行なっただけでも、逆境を乗り越えるためのモチベーションがわく**ところです。

いったん自分の説明スタイルを理解できれば、これからまた逆境に悩んだときにも「あー、また普遍スタイルで考えてるな」や「いつもの永久スタイルが出てきたな」のように判断でき、そのぶんだけ心に余裕が生まれます。この落ち着きが、逆境に負けない強いメンタルを作り出してくれるのです。

NOTE
32

# しんどい仕事を乗り切る PIDチェックリスト

仕事がしんどい……。そう思ったことは誰にでもあるでしょう。

作業の量が多すぎるのか、拘束時間が長すぎるのか、はたまた人間関係の問題なのか。いずれにせよ、どんな仕事にも辛い側面はあるものです。

その原因はいろいろと考えられますが、よく見かけるのは「実は仕事の内容を細かく理解していない」というパターンです。

と言うと、「自分の仕事はよくわかっている」と考えた人が多いかもしれません。現代では仕事の時間が人生の大半を占めるため、どうしても自らの職務には精通していると思いがちなのです。が、私の言う「細かい仕事の理解」とは、もっと徹底したものです。

そもそも現在のプロジェクトの目的は何か？　予想されるリスクとコストは？　リスク

の発生率を確かめる方法とは？　商品の品質をモニタリングする具体的な方法は？　プロジェクト参加者それぞれの役割は？

これらの質問に間をおかずに答えられるレベルでないと、仕事の理解度が高いとは言えません。

もちろん、すべてを知らなくとも仕事は進められるものの、プロジェクトの理解が深くなるほどトラブルは減り、作業がスムーズに進むのは間違いないでしょう。無駄に仕事のストレスをためないためには、作業の前にプロジェクトの内容を徹底的に掘り下げる作業が絶対に必要です。

**「ＰＩＤチェックリスト」**は、プロジェクトの内容を掘り下げ、効率よくマネジメントを行なうための記録術です。もとは組織心理学の世界で生まれた技法ですが、仕事が辛い人のストレスを解消するための技法として、心理コーピングの世界でも有効性が確認されつつあります。

ＰＩＤは「Project Initiation Document（計画スタート用の記録文書）」の略で、次のように項目を埋めていきます。

## ステップ1　「WHAT」の質問

**プロジェクト名**　仕事の内容に名前をつけましょう。決まったプロジェクト名がない場合は、適当な名前を選んでください。

**目的**　その**仕事の最終ゴール**と、**あなたが仕事に求めるもの**を記入します。「この仕事の目標はなんだろう?」や「私はなんのためにこの仕事をしているのだろう?」と考えてみてください。

**指標**　その**仕事から得たい成果**を、4~5つぐらいまで絞り込んで記入します。同時に、その**成果の質を正しく判断するための方法**も考えて書き込んでみてください。

**スコープ**　「このプロジェクトは**誰に向けたもの**なのか?」「その**相手は何を期待している**だろうか?」という2つのポイントを考えて記入します。

**成果物**　このプロジェクトで必要な**アウトプット**について考えて記入します。それはレポートか、具体的な商品か、それともサービスでしょうか?　最終的に必要な成果物の内容を書いてみましょう。

**制限**　プロジェクトのスケジュールを進める際に、障害になりそうな要素はなんでしょうか?　**計画の足を引っ張りそうな要素**を考えてみましょう。

## PID チェックリスト　記入例

| 「WHAT」の質問 | |
|---|---|
| プロジェクト名 | 自社サイトのリニューアル計画 |
| 目的 | 1年後に月間PVを100万にする。プロジェクトの管理能力を社内にアピールする。 |
| 指標 | 質が良い顧客の収集→コンバージョン率で確認。サイトの熱心なファンを増やす→リターン率とSNS拡散数で確認。 |
| スコープ | 会社の上層部が、サイトからバックエンドの商品の購入につながるようなコンテンツを期待している。 |
| 成果物 | 上層部へのアウトプットは数値を示したレポートで行なう。マネジャーにはリニューアル後のサイトを見せればOK。 |
| 制限 | 人員が少ない。リソースが足りない。まだロードマップができていない。 |
| 仮定 | 2カ月後に仮のテンプレートを作ってマネジャーの承認をもらう。その後、手直しを経てサイトを公開。手直し期間は1カ月をみておけば充分だろう。 |

**仮定**　プロジェクトを始めるにあたり、あなたはどんな展開を予想しているでしょうか？　また、その予想に適したスケジュールを組んだでしょうか？　**プロジェクトの流れ**を予想して記入しましょう。

## ステップ2　「WHY」の質問

**ベネフィット**　なぜあなたはこのプロジェクトを進めねばならないのでしょう？　この仕事に取りかかったのは、どのようなメリットを期待しているからでしょうか？　プロジェクトを成功させたときに、**自分が手にしたいベネフィット**を考えて記入しましょう。

**オプション**　プロジェクトを行なうにあたって、**他にどのような進め方**が考えられるでしょうか？　プロジェクトが進むに従って、**使うべき手法や情報が変わる可能性**はあるでしょうか？

**コスト**　プロジェクトが成功したときの**リターンは、コストに見合っている**でしょうか？　プロジェクト全体のコストだけでなく、進行の**ステップごとの費用**も考慮したでしょうか？　仕事にまつわるコストについて、あらためて考えてみてください。

**リスク特定**　プロジェクトの途中で予想されるリスクはなんでしょうか？　そのリスクが発生した場合に、プロジェクトに及ぼす悪影響はどれぐらいでしょうか？　**ゴールの妨げになりそうなリスク**を考えて書き込みましょう。

**リスク予防**　さきほど考えたリスクの悪影響をやわらげるか、**リスクの発生を防止**するために、なにができるかを考えて記入します。

| 「WHY」の質問 | |
|---|---|
| ベネフィット | 熱心なファンを作り安定した売り上げを出したい。自分の評判を高めたい。 |
| オプション | いまはディレクターとのやりとりをすべて一人でしているが、外部のコンサルを雇うことも考えられる。途中の検証によってはPVより直帰率を使ったほうがいいかもしれない。 |
| コスト | 成功した場合は月に200万の収入増が見込めるため、コストには見合う。テンプレート完成までの費用は、切り分けて計算し直したほうがよい。 |
| リスク特定 | テンプレートの作成中にマネジャーの横槍が入り、イチからやり直しになるかも。そうなると納期には間に合わない。 |
| リスク予防 | 仕様の変更が起きるごとにマネジャーにチェックをしてもらう。 |
| リスク管理 | コードを書く人員を2人増やす。資金はかかるが仕方ない。 |
| モニタリング | プロジェクトのチェックポイントを増やし、定期的にすべてのメンバーにリスクの起きやすさを点数で評価してもらう。 |

**リスク管理**　もしリスクの発生が防止できなかった場合に、どのような対策が取れるでしょうか？　具体的にどのようなアクションが取れるでしょうか？　**リスク対策**を事前に考えておきましょう。

**モニタリング**　そのリスクが現実になりそうかどうかを、定期的に判断する方法はないでしょうか？　リスクの発生率を正しく見積もる方法はないでしょうか？　**リスクの発生率を調べる方法**を考えてください。

### ステップ3　「WHO」の質問

**スポンサー**　そのプロジェクトに関わる最高の権力者・責任者は誰でしょうか？　**最終的な判断を下す人物**の名前を書いてください。

**マネジャー**　プロジェクトマネジャーの名前を記入し、その人物は**どこまで責任を負う**べきなのか考えて書き込みましょう。

**チーム**　プロジェクトチームの中で、**キーとなるメンバー**は誰でしょうか？　そのメンバーがプロジェクトで**果たすべき役割**はどのようなものでしょうか？　連絡先をちゃんと把握しているでしょうか？　プロジェクトの重要メンバーについて考えてみてください。

### ステップ4　「HOW」と「WHEN」の質問

**課題**　プロジェクトの途中で必ず達成すべきマイルストーンはなんでしょうか？　プロジェクトの**重要な節目**を記入してください。

**スケジュール**　プロジェクトの**節目ごとに、細かな締め切り**を設定したでしょうか？　もし何も決めてない場合は、**明確なデッドライン**を作ってみましょう。

**リソース**　プロジェクトの達成に関わる**人員と情報の量は、本当に足りている**でしょう

| 「WHO」の質問 | |
|---|---|
| スポンサー | Dさん |
| マネジャー | Kさんは、最終的なサイトの仕上がりに責任を負う。 |
| チーム | Mさんはサイトの機能が万全に動くかどうかをチェック。Jさんはスケジュール管理。 |
| **「HOW」と「WHEN」の質問** | |
| 課題 | 2カ月後のテンプレ完成、4カ月後のサイト公開とPVチェック。 |
| スケジュール | 8月13日の午後3時までにテンプレ完成。10月15日の午後5時までにテンプレ完成。 |
| リソース | もしかしたらプログラマーの量が足りないかも。ネットでバズりやすい記事の方向性をもう少し聞き取りしたほうがいいかも。 |
| 進捗 | すべての工程をパーセンテージに変換して、社内SNSで1日ずつ発信する。 |
| 品質調整 | サンプル記事ができるたびにABテストを行なう。機能がひとつ加わるごとにメンバー全員で試用する。 |

か？　再度確認してください。

**進捗**　プロジェクトの進捗状況は、正しくモニタリングできるでしょうか？　進捗レベルをチームメンバーに伝える方法は決めているでしょうか？　**プロジェクトの進み具合をしっかり把握する方法**を考えておきましょう。

**品質調整**　プロジェクトのクオリティを確かめる方法は決めているでしょうか？　予定どおりの品質の達成には、どのように進行をモニタリングすべきでしょうか？　**アウトプットの品質を管理する方法**を考えて書きます。

ＰＩＤでチェックすべきポイントは以上です。一見するとかなりめんどうに思えますが、実際には1時間もかかりませんし、この作業をやるとやらないとでは大違い。チェックリストをすべて埋めておけば、あなたの中でプロジェクトの全体像が明確になり、最終的な仕事の効率は格段に上がるはずです。

## PID チェックリスト

| 「WHAT」の質問 | |
|---|---|
| プロジェクト名 | |
| 目的 | |
| 指標 | |
| スコープ | |
| 成果物 | |
| 制限 | |
| 仮定 | |
| **「WHY」の質問** | |
| ベネフィット | |
| オプション | |
| コスト | |
| リスク特定 | |

| | |
|---|---|
| リスク予防 | |
| リスク管理 | |
| モニタリング | |
| 「WHO」の質問 | |
| スポンサー | |
| マネジャー | |
| チーム | |
| 「HOW」と「WHEN」の質問 | |
| 課題 | |
| スケジュール | |
| リソース | |
| 進捗 | |
| 品質調整 | |

NOTE 33

# 疲れたときの判断ミスを防ぐ
# 対比較分析法

疲れたときやメンタルが落ち込んだときは、どんな人でも**判断ミス**が多くなります。心身ともに疲れきると、ヒトの脳はできるだけエネルギーを保存しようと試みるため、脳の判断機能も下がってしまうからです。

こんなときに人間の脳がもっとも苦手とするのは、**複数のオプションからベストな選択**をしなければならない場面。たとえば「貯金を増やそう!」と決めたあとで、「保険を解約するべきか」「確定拠出年金で運用すべきか」「住宅ローンを借り換えるか」など、さまざまな選択肢のどこから手をつけるべきかを悩んでしまうような状況です。

100ページでも説明したとおり、あまりにもオプションが多いと、負荷を感じたヒトの脳は、やがて直感でものごとを決め始めます。「テレビで宣伝してたから住宅ローンを借り換えるか！」のように、あいまいな印象を手がかりに大事な判断を行なうようになってしまうのです。こうなれば、失敗の確率がふくれ上がるのは確実でしょう。

こうした問題を解決してくれるのが、**「対比較分析法」**です。もとはマーケティングの世界で使われてきたテクニックですが、判断力を伸ばす効果が高く、近年では心理療法の世界でも使われています。具体的には、次のステップで実践してください。

**ステップ1　リスト作成**

いま自分が悩んでいる選択肢をすべてリストアップし、記録用紙のアルファベットが並ぶマスに書き込んでいきます。

**ステップ2　比較採点**

それぞれの選択肢を比べて、どちらが重要かを採点していきます。

たとえば、AとBの選択肢を比較する場合は、まず「どっちのほうが影響が大きいだろうか？」「良い結果が出そうなのはどっちだろう？」と考えてみます。

## 対比較分析法

| | A | B | C | D | E | F | G | H |
|---|---|---|---|---|---|---|---|---|
| A | | | | | | | | |
| B | | | | | | | | |
| C | | | | | | | | |
| D | | | | | | | | |
| E | | | | | | | | |
| F | | | | | | | | |
| G | | | | | | | | |
| H | | | | | | | | |

| | 合計 | ランク |
|---|---|---|
| A | | |
| B | | |
| C | | |
| D | | |

| | 合計 | ランク |
|---|---|---|
| E | | |
| F | | |
| G | | |
| H | | |

### 対比較分析法　記入例

| | A | B | C | D |
|---|---|---|---|---|
| A 保険を解約する | | A、1 | C、2 | D、3 |
| B 確定拠出年金 | | | C、2 | D、2 |
| C ローン借り換え | | | | D、3 |
| D 自動車を手放す | | | | |

そこで「Aのほうが重要だな」と結論が出たら該当のマスに「A」と記入し、さらに重要度を1～3点の範囲で採点しましょう。ギリギリでAのほうが重要なら1点で、明らかにAのほうが大事なら3点です。どっちがいいか決めかねるときは0点をつけてください。

あとは、同じ要領で残りの選択肢を比べていき、すべてのマスを埋めればOKです。

## ステップ3　分析

すべての選択肢を比べたら、それぞれの選択肢につけた点数を合計して並べてみましょう。たとえば、上図の例なら合計点はこうなります。

・A＝1　B＝0　C＝4　D＝8

この結果を見れば、Dの選択肢がベストなのは明らかでしょう。もちろん、ここまでハッキリした差が出ないケースもありますが、そんなときは上位の選択肢だけで決選投票を行なってください。

いずれにせよ、対比較分析法を使えば、あいまいな印象でものごとを決めるよりも確実に精度が上がります。**疲れた頭で大事な判断をしなければならないときや、心が落ち込んだ状態で何かを選ばねばならないときは、この手法を思い出してください。**

Pennebaker, J. W., & Evans, J. F. (2014). *Expressive Writing: Words That Heal.*

Rouse, M. J., & Rouse, S. (2001). *Business Communications: A Cultural and Strategic Approach.*

Scullin, M. K., Krueger, M. L., Ballard, H. K., Pruett, N., & Bliwise, D. L. (2018). The Effects of Bedtime Writing on Difficulty Falling Asleep: A Polysomnographic Study Comparing To-Do Lists and Completed Activity Lists.

Seligman, M. (1998). *Learned Optimism.*

Stone, D., & Heen, S. (2015). *Thanks for the Feedback: The Science and Art of Receiving Feedback Well.*

Super, D. E. (1957). *The Psychology of Careers: An Introduction to Vocational Development.*

Williams, R. & Williams, V. (1993). *Anger Kills: Seventeen Strategies for Controlling the Hostility That Can Harm Your Health.*

Wilson, K. G., & Murrell, A. R. (2004). Values Work in Acceptance and Commitment Therapy: Setting a Course for Behavioral Treatment. in S. C. Hayes, V. M. Follette, & M. M. Linehan (Eds.), *Mindfulness and acceptance: Expanding the cognitive-behavioral tradition.*

# 主要参考文献


Barrett, L. F. (2017). *How Emotions Are Made: The Secret Life of the Brain.*

Beck, A. T., Rush, A. J., Shaw, B. F., & Emery, G. (1979). *Cognitive Therapy of Depression.*

Beck, J. S., & Beck, A. T. (2011). *Cognitive Behavior Therapy: Basics and Beyond (2nd ed.).*

Bennett-Levy, J., Butler, G., Fennell, M. J. V., Hackmann, A., Mueller, M., & Westbrook, D. (Eds.) (2004). *The Oxford Handbook of Behavioural Experiments.*

Bentley, C. (1997). *Prince 2: A Practical Handbook (2nd ed.).*

Blokdyk, G. (2019). *SWOT Analysis A Complete Guide.*

Craske, M. G., Treanor, M., Conway, C. C., Zbozinek, T., & Vervliet, B. (2014). Maximizing Exposure Therapy: An Inhibitory Learning Approach.

Eells, T. D. (Ed.). (2011). *Handbook of Psychotherapy Case formulation.*

Fritz, M., & Berger, P. D. (2015). *Improving the User Experience through Practical Data Analytics: Gain Meaningful Insight and Increase Your Bottom Line.*

Gensler. (2013). Workplace Surveys: Research & Insight.

Gollwitzer, A., Oettingen, G., Kirby, T. A., Duckworth, A. L., & Mayer, D. (2011). Mental Contrasting Facilitates Academic Performancein School Children.

Greenberger, D., & Padesky, C. A. (1995). *Mind Over Mood: A Cognitive Therapy Treatment Manual for Clients.*

Hayes, S. C., Strosahl, K. D., & Wilson, K. G. (2016). *Acceptance and Commitment Therapy: The Process and Practice of Mindful Change (2nd ed.).*

Jacobson, N. S., Martell, C. R., & Dimidjian, S. (2001). Behavioral Activation Treatment for Depression: Returning to Contextual Roots.

Kircanski, K., Mortazavi, A., Castriotta, N., *et al.* (2012). Challenges to the Traditional Fear Hierarchy in Exposure Therapy.

Krejčí, J. (2018). *Pairwise Comparison Matrices and Their Fuzzy Extension: Multi-criteria Decision Making with a New Fuzzy Approach.*

Lejuez, C. W., Hopko, D. R., Acierno, R., Daughters, S. B., & Pagoto, S. L. (2011). Ten Year Revision of the Brief Behavioral Activation Treatment for Depression: Revised Treatment Manual.

Manktelow, J., & Birkinshaw, J. (2018). *Mind Tools for Managers: 100 Ways to be a Better Boss.*

Marlatt, G. A., & Donovan, D. M. (Eds.). (2005). *Relapse Prevention: Maintenance Strategies in the Treatment of Addictive Behaviours (2nd ed.).*

Merrell, K. A. (2001). *Helping Students Overcome Depression and Anxiety.*

Okes, D. (2009). *Root Cause Analysis: The Core of Problem Solving and Corrective Action.*

著者紹介

## メンタリストDaiGo（めんたりすと・だいご）

慶應義塾大学理工学部物理情報工学科卒業。人の心をつくることに興味を持ち、人工知能記憶材料系マテリアルサイエンスを研究。英国発祥のメンタリズムを日本のメディアに初めて紹介し、日本唯一のメンタリストとして数百のTV番組に出演。その後、活動をビジネスおよびアカデミックな方向へと転換し、企業のビジネスアドバイザーやプロダクト開発、作家、大学教授として活動中。日々インプットした膨大な情報・スキルを独自の勉強法で体得し、驚異的な成果をあげ続けている。著書は累計330万部。『週40時間の自由をつくる超時間術』（実務教育出版）、『自分を操る超集中力』（かんき出版）ほかヒット作多数。

**●オフィシャルサイト**

http://daigo.jp/

**●ニコニコチャンネル**

メンタリストDaiGoの「心理分析してみた！」

https://ch.nicovideo.jp/mentalist

人生《じんせい》を変《か》える

記録《きろく》の力《ちから》


2019年９月30日　初版第１刷発行
2019年11月５日　初版第３刷発行

著　者　　メンタリストDaiGo《ダイゴ》
発行人　　小山隆之
発行所　　株式会社実務教育出版
〒163-8671　東京都新宿区新宿1-1-12
電話　03-3355-1812（編集）
03-3355-1951（販売）
振替　00160-0-78270
印　刷　　壮光舎印刷株式会社
製　本　　東京美術紙工協業組合



©Mentalist DaiGo 2019　Printed in Japan


ISBN978-4-7889-1422-3　C0030

10万部突破!

# 週40時間の自由をつくる
# 超時間術

メンタリストDaiGo 著

定価：1400円＋税　277ページ
ISBN978-4-7889-1472-8

現代人共通の悩み、「時間がない」。本書では、心理学・神経科学・脳科学など最新の科学的研究成果をもとに、この「時間がない」と私たちが感じる根本的な原因に迫り、その解決法をわかりやすく実践しやすい形で提示します。

実務教育出版の本